| 中国当代研学丛书 |

经济

当代服务经济发展
基于经济利益视角的研究

王海文 | 著

图书在版编目（CIP）数据

当代服务经济发展——基于经济利益视角的研究/王海文著.
—北京：中央编译出版社，2020.7
ISBN 978-7-5117-3848-6

Ⅰ. ①当…
Ⅱ. ①王…
Ⅲ. ①服务经济—研究
Ⅳ. ① F719

中国版本图书馆 CIP 数据核字（2020）第 012503 号

当代服务经济发展——基于经济利益视角的研究

出 版 人：	葛海彦
责任编辑：	李易明
责任印制：	刘　慧
出版发行：	中央编译出版社
地　　址：	北京西城区车公庄大街乙 5 号鸿儒大厦 B 座（100044）
电　　话：	（010）52612345（总编室）　　（010）52612352（编辑室）
	（010）52612316（发行部）　　（010）52612346（馆配部）
传　　真：	（010）66515838
经　　销：	全国新华书店
印　　刷：	三河市华东印刷有限公司
开　　本：	710 毫米×1000 毫米　1/16
字　　数：	192 千字
印　　张：	13
版　　次：	2020 年 7 月第 1 版
印　　次：	2020 年 7 月第 1 次印刷
定　　价：	89.00 元
网　　址：	www.cctphome.com　　邮　箱：cctp@cctphome.com
新浪微博：	@中央编译出版社　　微　信：中央编译出版社(ID: cctphome)
淘宝店铺：	中央编译出版社直销店(https://shop108367160.taobao.com)（010）55626985

本社常年法律顾问：北京市吴栾赵阎律师事务所律师　　闫军　　梁勤
凡有印装质量问题，本社负责调换，电话：（010）55626985

前　言

全球服务经济的日益繁荣正在加速推进服务业、服务贸易以及国际服务市场的蓬勃发展，而以"服务"为关键词和特征的服务经济时代也在以前所未有之势引领和深刻改变着人类的生产方式和生活方式。在这样的背景下，顺应时代发展和召唤，着力推动服务经济领域的理论研究和实践发展已经成为当务之急。

与如火如荼的服务经济实践相比，理论研究显得有些滞后。这不仅因为服务行业多样复杂，更重要的是服务有着诸多有别于有形商品的特殊方面，蕴含着自身独特的规律。而在实践尚未充分展开的阶段和地方，理论似乎也受着种种因素和条件的限制，若隐若现。从目前的研究状况来看，一方面，沿用成熟的理论，从不同的视角，尝试进行拓展和解释，虽有进展，但是尚不能全面揭示服务经济的特殊规律，缺乏理论逻辑深入推进的酣畅淋漓之感；另一方面，顺应实践发展的需要，实证研究更受青睐，同时新古典的分析思路和方法占据主导地位，由此形成了研究中的新古典实证的主流风格。如何选取合适的视角和工具，形成科学合理的分析框架，在服务经济理论研究方面做点成绩，成为本书作者的强烈研究意愿。

从何种视角入手，又基于怎样的理论进行探索分析实非易事。而在深入比较分析基础上，作者尝试运用马克思主义政治经济学理论和范畴，提出服务利益这一范畴，进行了较为全面的研究。本书以马克思主义政治经济学为基础，通过细致的考察和剥离，将马克思主义的需要理论、分工理论和劳动理论统一在利益的视角下，通过理论建构，紧紧围绕服务利益范畴这一中心和主线，用历史的观点去还原和考察范畴的形成，并在时空拓展中为服务利益的研究开辟了行进的道路和线索，包括范畴的形成、确立、深化和发展等。书中还运用了利益分析法，比较、规范及实证等多种分析方法，使分析更加深入、多维。

而越是在社会经济变革、发展、激荡的时候，越需要社会各界参与到理论研究中，用大量科学而有见地的理论成果来引导实践和思潮，为社会的发展、民生的幸福做出应有的贡献。面对当前我国社会经济发展中层出不穷的新现象、新问题，如何在习近平新时代中国特色社会主义经济思想的引领下，切实推动我国服务经济的繁荣发展，促进我国经济结构的持续优化升级以及高质量发展无疑是服务经济领域理论研究的重要责任。

通过研究，作者提出若干观点，包括：服务利益在当前人类社会发展中尚处于发展的初期阶段、对人类的消费水平和结构的影响应该是服务利益到目前为止于人的最大利益的体现、而服务利益全球化已经成为经济利益全球化的重要组成部分，等等。这些观点尚需实践的检验，但是以服务利益这一范畴为基础的对人类社会发展的思考却为我们的视界增添了别样的风景。

当然，书中尚有许多需要推敲、拓展的地方，比如有关服务利益的分配，服务利益在开放条件的发展等等，特别是运用服务利益范畴对包括服务业、服务贸易在内的产业、贸易领域的深入思考和分析。希望读者不吝提出意见和建议，以便相关研究更加深入完善。

目 录

第一章 导 论 ⋯⋯⋯⋯⋯⋯⋯⋯⋯⋯⋯⋯⋯⋯⋯⋯⋯⋯⋯⋯⋯⋯⋯⋯⋯ 1
  第一节 问题的提出与选题的意义 ⋯⋯⋯⋯⋯⋯⋯⋯⋯⋯⋯⋯⋯⋯ 1
    一、问题的提出 ⋯⋯⋯⋯⋯⋯⋯⋯⋯⋯⋯⋯⋯⋯⋯⋯⋯⋯⋯⋯ 1
    二、选题的意义 ⋯⋯⋯⋯⋯⋯⋯⋯⋯⋯⋯⋯⋯⋯⋯⋯⋯⋯⋯⋯ 3
  第二节 相关文献与研究述评 ⋯⋯⋯⋯⋯⋯⋯⋯⋯⋯⋯⋯⋯⋯⋯⋯ 5
    一、马克思主义经济学的研究 ⋯⋯⋯⋯⋯⋯⋯⋯⋯⋯⋯⋯⋯⋯ 5
    二、西方经济学的研究 ⋯⋯⋯⋯⋯⋯⋯⋯⋯⋯⋯⋯⋯⋯⋯⋯ 12
    三、国内外研究状况 ⋯⋯⋯⋯⋯⋯⋯⋯⋯⋯⋯⋯⋯⋯⋯⋯⋯ 17
    四、结论 ⋯⋯⋯⋯⋯⋯⋯⋯⋯⋯⋯⋯⋯⋯⋯⋯⋯⋯⋯⋯⋯⋯ 27
  第三节 研究的思路、方法与创新之处 ⋯⋯⋯⋯⋯⋯⋯⋯⋯⋯⋯ 28
    一、研究思路 ⋯⋯⋯⋯⋯⋯⋯⋯⋯⋯⋯⋯⋯⋯⋯⋯⋯⋯⋯⋯ 28
    二、研究方法 ⋯⋯⋯⋯⋯⋯⋯⋯⋯⋯⋯⋯⋯⋯⋯⋯⋯⋯⋯⋯ 29
    三、创新之处 ⋯⋯⋯⋯⋯⋯⋯⋯⋯⋯⋯⋯⋯⋯⋯⋯⋯⋯⋯⋯ 30
  第四节 研究内容和结构安排 ⋯⋯⋯⋯⋯⋯⋯⋯⋯⋯⋯⋯⋯⋯⋯ 31

第二章 服务利益的形成：历史考察与理论分析 ⋯⋯⋯⋯⋯⋯⋯⋯ 33
  第一节 需要是服务利益研究的起点 ⋯⋯⋯⋯⋯⋯⋯⋯⋯⋯⋯⋯ 34
    一、利益视野中的需要 ⋯⋯⋯⋯⋯⋯⋯⋯⋯⋯⋯⋯⋯⋯⋯⋯ 34

二、非物质需要在需要体系中的地位 ……………………………… 37
　　三、需要拓展过程中利益发展的历史线索 …………………………… 41
第二节　分工是服务利益形成的条件 ……………………………………… 44
　　一、利益视野中的分工 ………………………………………………… 45
　　二、分工深化中的非物质利益 ………………………………………… 48
第三节　劳动是服务利益实现的手段 ……………………………………… 50
　　一、利益视野中的劳动 ………………………………………………… 51
　　二、服务劳动生产性问题的利益维度分析 …………………………… 53
　　三、服务劳动发展过程中经济利益的历史变迁 ……………………… 56
第四节　结论 ………………………………………………………………… 58

第三章　服务利益的确立：范畴提出与发展状况 …………………………… 61
　第一节　服务利益是非物质利益发展的飞跃 …………………………… 62
　　一、对服务利益内涵的初步探讨 ……………………………………… 62
　　二、服务利益与其他利益形式的联系和区别 ………………………… 64
　　三、服务利益范畴提出的意义 ………………………………………… 66
　第二节　服务利益在发达国家的发展 …………………………………… 70
　　一、服务劳动的扩展与三次产业的划分 ……………………………… 70
　　二、恩格尔定律以及配第—克拉克定律利益视角的再思考 ………… 74
　　三、服务利益在发达国家兴起意味着什么 …………………………… 77
　第三节　结论 ……………………………………………………………… 80

第四章　服务利益的深化：财富效应与结构效应 …………………………… 81
　第一节　服务利益与财富的创造 ………………………………………… 82
　　一、对财富实质的考辨 ………………………………………………… 82
　　二、经济利益与财富创造的关系 ……………………………………… 84
　　三、财富效应中服务利益的深化 ……………………………………… 86
　第二节　消费结构变化中服务利益的深化 ……………………………… 89

  一、消费与利益的关系 …………………………………………… 90
  二、服务经济时代消费中的服务利益 …………………………… 94
  三、消费结构升级中服务利益的深化 …………………………… 97
 第三节 生产结构变化中服务利益的深化 ………………………… 105
  一、生产结构的历史发展：一个利益演进的观点 ……………… 105
  二、服务经济时代生产结构变动中的服务利益 ………………… 108
  三、生产结构变化中服务利益发展的实证考察 ………………… 112
 第四节 结论 ………………………………………………………… 118

第五章 服务利益的发展：部门差异与空间差异 ……………………… 119
 第一节 差异的研究：从时间到空间 …………………………………… 119
  一、利益差异的产生和发展 ……………………………………… 120
  二、经济利益差异分化的空间表现 ……………………………… 121
 第二节 服务利益的部门差异 …………………………………………… 122
  一、服务利益内部结构划分的依据 ……………………………… 123
  二、对服务利益自身的考察：部门发展的非均衡性 …………… 125
  三、深化现代服务利益的重要意义 ……………………………… 133
 第三节 服务利益的空间差异 …………………………………………… 135
  一、服务利益区域空间发展的非均衡性 ………………………… 136
  二、服务利益空间的调整与布局：从自发到自觉 ……………… 142
  三、我国服务利益空间差异的实证分析：以长三角为例 ……… 143
 第四节 结论 ………………………………………………………… 151

第六章 服务利益的延伸：从封闭经济到开放条件 ……………………… 152
 第一节 从封闭到开放，服务利益何以实现 ………………………… 153
  一、需要满足的空间拓展 ………………………………………… 153
  二、国际分工的深化 ……………………………………………… 155
  三、服务劳动范围的延伸 ………………………………………… 156

第二节　服务利益的全球化 …… 158
　一、以发达国家为主导的利益关系的扩张 …… 158
　二、服务利益全球化的表现 …… 160
　三、我国在服务利益全球化过程中需要关注的问题 …… 164
第三节　服务利益与服务贸易 …… 168
　一、贸易中的经济利益 …… 168
　二、服务贸易与服务利益的贸易实现方式 …… 169
　三、开放条件下服务利益的贸易实现状况 …… 172
第四节　结论 …… 179

第七章　总结与前瞻 …… 181
　第一节　主要结论、认识与启示 …… 181
　第二节　相关政策建议 …… 185
　第三节　有待进一步研究的问题 …… 187

参考文献 …… 189

第一章

导 论

第一节 问题的提出与选题的意义

一、问题的提出

早在 20 世纪 60 年代,美国学者富克斯(Victor. R. Fuchs)就在其名著《服务经济》中作出"服务经济"社会已经在美国来临的判断。[①] 这一观点是人们在 20 世纪 30 年代提出"第三产业"概念的基础上,进一步对经济结构、社会发展阶段进行思考与定位的成果与表现。

现实中,服务业在国民经济中的地位与作用不断提升。在发达资本主义国家,服务业的产值与就业人数已经占到本国国内生产总值与就业人数的 2/3 左右,服务化的观念早已深入人心,而服务贸易在服务化与全球化的浪潮中也获得了前所未有的快速增长的势头。所有这些事实让人们相信,服务业的发展水平代表了经济的整体发展水平,开放经济条件下的服务贸易是获取更多经济利益的重要而关键的贸易形式所在。因而,推进服务业与服务贸易的发展,也必然应该成为各国经济发展的中心与目标。

如果单从产业发展的角度讲,正如"配第—克拉克"定律所阐明的那

---

① V. R. Fuchs, The Service Economy, *National Bureau of Economic Research*, 1968.

样，服务经济大势所趋。然而在繁荣与兴起的背后，我们不禁要问，经济结构调整与升级本身就是经济行为的目的吗？答案显然是否定的。其目的在于经济增长与经济发展，而更深层次的目的则在于对经济利益的追求。

较之对经济现象一般性的描述与归纳，经济利益视角在揭示现象背后的本质规律方面无疑要深刻得多。从古至今，人们从事所有经济活动都是在一定的经济利益支配下进行的。这正如马克思指出的那样："人们奋斗所争取的一切，都同他们的利益有关。"① 因此，对服务化、服务业、服务贸易的追求其实质是对利益的诉求，是服务经济发展过程中经济利益的实现和利益关系的变动与调整。

然而作为一个普遍且十分重要的范畴，经济利益并没有得到应有的深入分析与阐发，而是多被"对象化"于其他具体的客体化，例如价值、利润、工资、地租等范畴中加以研究，这样有意无意地遮蔽了利益主体对利益行为的认知，显然并非全面，而且研究的立足点也多半停留在"物的世界"中，由此对于经济现象的认识高度与深度受到限制。一个很自然会被提出的问题是，从利益视角切入，面对当今人类社会步入富克斯所言的服务经济时代时，利益状况如何呢？从利益的视角中，我们能否有新的启发或者获得更加开阔的观察视野呢？

运用经济利益或是其体系中的非物质利益范畴展开相关分析恐怕已经不能完全满足研究的需要了。原因在于，从总体上进行经济利益的分析，虽然把握和体现了利益的共性，但是却没有突出利益的个性；而非物质利益的发展又内在要求突破范畴自身的局限。新的事实催生新的范畴，也迫使人们对新的范畴和新的事实作出合乎历史和规律的阐释。② 基于此，本书提出服务利益的范畴，而本书的论题和所有论述都将围绕服务利益展开。

马克思在《〈政治经济学批判〉导言》中曾谈到："比较简单的范畴，虽然在历史上可以在比较具体的范畴之前存在，但是，它在深度和广度上的

---

① 《马克思恩格斯全集》第 1 卷，人民出版社 1956 年版，第 82 页。
② 马克思曾说过："新的事实迫使人们对以往的全部历史作一番新的研究。"参见《马克思恩格斯选集》第 3 卷，人民出版社 1995 年版，第 739 页。

充分发展恰恰只能属于一个复杂的社会形式。"① 这句话深刻地揭示出范畴演进的社会历史基础。正是非物质利益的充分发展，才孕育了服务利益；正是现时代人类身处服务经济浪潮中，才有可能探讨服务利益。

对于服务利益的研究，要坚持唯物史观，坚持利益分析的基本方法。由此，必须依据现实，最终落脚到利益主体的利益诉求上。而基于对理论与现实的思考，笔者认为下述问题将成为研究中必然面对、需要解决的重要问题。

第一，服务利益作为经济利益的重要形式，其形成历经社会形式的变迁。不同的社会形态下，服务利益的表现必然存在共性基础上的个性差异。那么它形成的社会基础如何？具体社会形态下状况如何？理论基础又怎样？究竟从哪些方面可以较为全面地把握该范畴的逻辑展开？

第二，服务利益在当代服务经济社会中具备了深入考察的条件。那么，服务利益范畴的内涵到底是什么？它与其他形式的经济利益范畴，特别是非物质利益范畴有何联系和区别？服务利益在当代发达国家和我国的概况如何？它在发达国家的确立与兴起究竟意味着什么？

第三，服务利益在时空中深化和发展。在时间维度上延伸，财富观念和经济结构变化演进，服务利益在被追求的过程中不断深化。如果将其称之为效应，那么服务利益深化过程中的财富效应和结构效应如何？而在空间维度上拓展，服务利益有着部门和特定区域内的差异，那么这种差异又是怎样？如果将视野继续拓展，开放条件下的服务利益同样应该纳入分析的范围。那么从封闭到开放，服务利益又发生了怎样的变化？

上述围绕服务利益提出的诸多问题不仅为本书设定了分析的目标，同时对这些问题的回答也将内在逻辑地展开书中的行文。而本书的分析则是对现实问题进行新视角审视的尝试，它的意义也有待于理论和实践的检验。

二、选题的意义

洪远朋教授等在《社会利益关系演进论——我国社会利益关系发展变化

---

① 《马克思恩格斯选集》第2卷，人民出版社1995年版，第21页。

的轨迹》一书中开宗明义地指出："利益是永恒的，而利益关系则是永恒变化的。"① 这是在新的历史条件下坚持利益观点、深化利益分析的重要理论概括和要求。其提出的背景与意义在于：一方面，理论研究的利益视角弱化甚至缺失，仅有的利益分析泛化而缺乏深入，因此对现实问题的剖析与解释力度和深度不够，难以构建强有力的分析范式；另一方面，经济现象愈加复杂多变，尤其对于我国这样一个正在经历巨大社会经济变革的发展中的社会主义大国，利益群体多元化、利益诉求公开化、利益矛盾凸显化，而这一切都要求必须从利益的视角作出合理的解释与理论上的正确引导。可见，薄弱的理论研究与迫切的实践要求之间的矛盾，使得利益角度的分析在当前具有十分重要的理论意义与实践意义。

而服务利益，作为经济利益体系的重要组成部分，对其进行的相关研究，包括范畴的提出、内涵的剖析、历史的考察、现状的分析等则是在顺应经济形势、主动适应理论与实践要求基础上的一种尝试。这是一个有别于其他细分利益的崭新的利益范畴。通过运用利益的相关理论，特别是马克思主义的利益理论，本书有意在此基础上建立对服务利益的认知框架。这种逻辑分析框架的展开，首先将在理论上建构起研究的基点与路径，其次将开辟考察经济利益的新的视野和领域。由此，不仅从理论上丰富、拓宽经济利益体系的内容，加强、深化利益分析的方法，更重要的是在紧密追踪现实经济发展的过程中，提供更为有力的分析工具，即运用服务利益这一范畴认识研究周围世界，特别是与服务化相关的经济现象，从而达到由表及里，不仅反映现象，更要揭示本质的目的。

此外，与发达国家相比，我国服务化水平及服务业与服务贸易发展还很落后。人们追求服务化、推动经济发展、促进结构转变的热情与执著在服务经济的浪潮中被放大了，然而与之相对的却是很少有人从利益主体的利益诉求上去思考在特殊的国情下，我国服务化与发达资本主义国家有哪些异同，

---

① 洪远朋、卢志强、陈波：《社会利益关系演进论—我国社会利益关系发展变化的轨迹》，复旦大学出版社 2006 年版，第 1 页。

如何发展，为谁发展等重要问题。服务利益范畴的提出及相关的论述与研究就是在理论探索的基础上，立足我国现实，对社会经济实践给予诠释与引导，从而充分发挥理论应有的功能和作用。

第二节　相关文献与研究述评

正如前述指出的那样，服务化现象已成为当今世界经济发展的一大特征。然而对于服务、服务劳动及服务业或第三产业的研究所跨越的历史较之兴起更长，对于利益、经济利益或者物质利益的研究则可以追溯得更远。作为经济利益体系中的崭新的范畴——服务利益，并没有现成的针对性的文献予以论述，而这也正是本书的研究任务所在，因此与"利益"及"服务"相关的文献自然构成本书研究的文献基础。鉴于马克思主义经济学与西方经济学在利益理论及服务经济思想方面的差异以及本书的研究思路与方法，以下相关文献与研究述评将分为马克思主义经济学的研究、西方经济学的研究和国内外研究状况及结论四部分展开。

一、马克思主义经济学的研究

马克思主义创始人最初投身于经济学的研究并创立其政治经济学体系就是在对物质利益发表意见存在困难的情况下始发的。[①] 而物质利益不仅成为马克思经济学转向的出发点，同时也成就了历史唯物主义。正是建立在这样的科学的世界观与方法论基础上，马克思主义经济利益思想及理论贯穿研究的始终，并以其强大的逻辑和深刻的解释力在马克思主义经济学中占据重要地位，而在对物质利益进行深入阐发的同时，对服务的论述也行文其间。

---

① 马克思在1859年《〈政治经济学批判〉序言》中谈到："我学的专业本来是法律，……我作为《莱茵报》的主编，第一次遇到要对所谓物质利益发表意见的难事。……最后，关于自由贸易和保护关税的辩论，是促使我去研究经济问题的最初动因。"参见《马克思恩格斯选集》第2卷，人民出版社1995年版，第31页。

（一）马克思主义利益理论研究的重要思想方法与相关论述及观点

马克思和恩格斯在许多著作中均对利益问题作过重要论述。① 这些论述和观点不仅是唯物史观的重要阐发，而且体现了马克思主义利益理论研究的重要思想方法。概而言之，与本书论题密切相关，围绕利益特别是经济利益、物质利益体现并阐述的思想方法及要点如下：

第一，思想方法与基本观点。

马克思曾指出："不要像国民经济学家那样，当他想说明什么的时候，总是置身于一种虚构的原始状态。这样的原始状态什么问题也说明不了。"② 而将所要说明的问题导引到科学正确的研究途径中，则需将其还原到人类历史发展的过程中。历史的方法是马克思探索利益范畴的重要方法。利益也不是先验或只要将其置于一种虚构的原始状态就能毕其功于一役的。利益是历史发展的结果，是人类创造自己历史过程的产物。因此，利益是人的利益，它同人类创造历史的社会实践紧密相连。这也决定了对于利益不能局限于感性直观的理解，而应在历史实践中辩证、能动地去把握，同时既要重视利益发展的历史连续性，又要关注其历史阶段性，将利益分析中的一般性与特殊性很好地结合起来，如此才能历史而现实地再现并剖析利益发展的全过程。

在《神圣家族》中，马克思和恩格斯谈到："'思想'一旦离开'利益'，就一定会使自己出丑。"③ 这一论断强调利益是思想的基础，充分体现出历史唯物主义的原则和精神。也正是基于唯物史观的基本思想和方法，马克思主义利益理论才得到深入而系统地阐述。

首先，在马克思主义利益理论看来，追求利益是人类一切社会活动的动因。而在阶级社会中，"统治阶级的利益就会成为生产的推动因素"④。在《德意志意识形态》中，马克思和恩格斯指出："……一切人类生存的第一个

---

① 这些著作中具有代表性的包括《神圣家族》《共产党宣言》《〈政治经济学批判〉导言》《德意志意识形态》《资本论》《1857—1858年经济学手稿》《反杜林论》《家庭、私有制和国家的起源》等。
② 马克思：《1844年经济学哲学手稿》，人民出版社2000年版，第51页。
③ 《马克思恩格斯全集》第2卷，人民出版社1957年版，第103页。
④ 《马克思恩格斯选集》第4卷，人民出版社1995年版，第385页。

前提，也就是一切历史的第一个前提。这个前提是：人们为了能够'创造历史'，必须能够生活。但是为了生活，首先就需要吃喝住穿以及其他一些东西。因此第一个历史活动就是生产满足这些需要的资料，即生产物质生活本身。"① 可见，由生产活动创造出来的人类赖以生存发展的物质生活条件构成了利益的基本内容，而这些物质生活条件作为生产力的体现，则又成为实现利益的手段和途径，这是以生产力为根本的利益范畴一般性的表现。

其次，"每一既定社会的经济关系首先表现为利益"②。由此，利益关系与经济关系具有密切的联系。而经济关系是人类在创造历史的实践过程中结成的，这种生产过程中形成的人与人之间的关系也必然是一种利益关系。可见，贯穿生产全过程的利益关系与生产关系是一致的。不仅如此，在商品经济中，"共同利益恰恰只存在于双方，多方以及存在于各方的独立之中，共同利益就是自私利益的交换"③。因而，利益关系也体现为一种社会经济交换关系。事实上，单从范畴的定义与理解上，马克思主义经济学向来没有止于表面。在《资本论》第1卷序言中，马克思曾这样写道："不过这里涉及到的人，只是经济范畴的人格化，是一定的阶级关系和利益的承担者。"④ 由此观之，经济利益不过是经济关系的范畴再现。

再次，社会关系随着历史前进和生产力发展是不断演变的。在《1857—1858年经济学手稿》中，马克思专门论述了资产阶级社会条件下社会关系的物化问题。他说："在这种场合，经济学家自己说，人们信赖的是物（货币），而不是作为人的自身。但为什么人们信赖物呢？显然，仅仅是因为这种物是人们互相间的物化的关系，是物化的交换价值，而交换价值无非是人们互相间生产活动的关系。""货币所以能拥有社会的属性，只是因为各个人让他们自己的社会关系作为物同他们自己相异化。"⑤ 可见，利益的基本内

---

① 《马克思恩格斯选集》第1卷，人民出版社1995年版，第79页。
② 《马克思恩格斯选集》第3卷，人民出版社1995年版，第209页。
③ 《马克思恩格斯全集》第46卷上册，人民出版社1979年版，第197页。
④ 《资本论》第1卷，人民出版社1975年版，第12页。
⑤ 《马克思恩格斯全集》第46卷上册，人民出版社1979年版，第107页。

容在特定的社会发展阶段已发生重大变化，它对人来说已不是真实而直接的使用价值，货币、交换价值以及以商品和价值表现的财富成为与利益同一、同等程度的概念。

最后，在阶级社会中，所谓的共同利益实际上是特殊的阶级利益。对此，马克思和恩格斯论述道："因为每一个企图取代旧统治阶级的新阶级，为了达到自己的目的不得不把自己的利益说成是社会全体成员的共同利益。"① 因此，阶级社会中对共同利益的追求必然也是经济利益与阶级利益相互交织发展的过程，而阶级关系与阶级矛盾对经济利益状况的影响也必然是重大的。

第二，关于利益与需要关系的论述。

马克思与恩格斯关于"第一个历史活动"的论述不仅向我们揭示了利益内涵的一个重要层面，而且也为我们架起了理解需要与利益关系的桥梁。正是由于"吃喝住穿以及其他一些东西"所形成的自然生理需要构成了利益的自然基础，并成为人类谋求经济利益的原初动因。由此，需要也成为利益的前提和基础。

然而，"吃、喝、性等等行为，固然也是真正的人的机能。但是，如果使这些机能脱离了人的其他活动，并使它们成为最后的和唯一的终极目的，那么，在这种抽象中，它们就是动物的机能"②。可见，仅仅的生物机能与自然需要还没有揭示出需要与人背后真正的奥秘，还没有划出人所存在的社会天地。如果说"人以其需要的无限性和广泛性区别于其他一切动物"③，那么，自然需要就显得远远不够，作为社会关系总和的人的需要还包括无限发展的社会需要和其他各类、各方面的需要，从而同时形成了各类、各方面的利益。因此，正如马克思指出的那样："把人和社会连接起来的唯一纽带是天然必然性，是需要和私人利益。"④ 可见，需要和利益之间的关系在社会

---

① 《马克思恩格斯选集》第1卷，人民出版社1995年版，第100页。
② 《马克思恩格斯全集》第42卷，人民出版社1979年版，第94页。
③ 《马克思恩格斯全集》第49卷，人民出版社1979年版，第130页。
④ 《马克思恩格斯全集》第1卷，人民出版社1956年版，第439页。

性上取得了高度一致。

第三，关于利益与分工关系的论述。

在《德意志意识形态》一书中，马克思和恩格斯曾谈到："一个民族内部的分工，首先引起工商业劳动同农业劳动的分离，从而引起城乡的分离和城乡利益的对立。"① 这一论断不但明确指出了分工是利益矛盾产生的原因，而且揭示了部门利益和城乡利益矛盾在时间和空间上的发展和表现。不仅如此，"随着分工的发展也产生了单个人的利益或单个家庭的利益与所有互相交往的个人的共同利益之间的矛盾；而且这种共同利益不是仅仅作为一种'普遍的东西'存在于观念之中，而且首先是作为彼此分工的个人相互依存关系存在于现实之中"②。可见，分工造成私有制，进一步引起个别利益和共同利益的矛盾，形成个人相互依存的关系，而这种关系显然就是利益关系。

除了从"矛盾"与"关系"层面揭示分工与利益二者之间的联系，从分工对于生产力的作用角度则更能加深认识。马克思、恩格斯认为："一个民族的生产力发展的水平，最明显地表现于该民族分工的发展程度。"③ 这就是说，分工的发展程度是生产力发展水平的表现。既然利益是生产活动创造出来的人类赖以生存发展的物质生活条件，利益的量的规定性体现生产力发展水平，那么，利益与分工在生产力层面上同样是一致的。

同时马克思、恩格斯指出："正是由于特殊利益和共同利益之间的这种矛盾，共同利益才采取国家这种与实际的单个利益和全体利益相脱离的独立的形式。"④ 一旦当国家形成，分工在国家与国家甚至世界范围内拓展，那么利益所涉范围自然也将超越国家和地域的界限，向更广阔的空间延伸。

第四，关于利益与劳动关系的论述。

历史唯物主义视野中的利益绝非观念的想象，它是客观现实的。而这种

---

① 《马克思恩格斯选集》第 1 卷，人民出版社 1995 年版，第 68 页。
② 《马克思恩格斯全集》第 1 卷，人民出版社 1956 年版，第 84 页。
③ 《马克思恩格斯全集》第 1 卷，人民出版社 1956 年版，第 68 页。
④ 《马克思恩格斯全集》第 1 卷，人民出版社 1956 年版，第 84 页。

客观实在性恰恰是建立在劳动的基础上。对此，马克思说："劳动不仅在范畴上，而且在现实中都成了创造财富一般的手段，它不再是在一种特殊性上同个人结合在一起的规定了。在资产阶级社会的最现代的存在形式——美国，这种情况最为发达。所以，在这里，'劳动'、'劳动一般'、直截了当的劳动这个范畴的抽象，这个现代经济学的起点，才成为实际真实的东西。"① 可见，劳动不仅是现代经济学的起点，同时也是历史唯物主义的逻辑起点。人类正是通过劳动，通过生产实践，结成一定的生产关系，生产着人类生存和发展所需的物质生活条件。利益的现实根源在于劳动。

而劳动的生产性问题对于深入认识利益与劳动之间的关系十分重要。生产劳动问题探讨的是何种劳动有益于财富的增进，以及劳动同财富创造有何关系。进一步说，其研究的就是劳动与利益的关系问题。对此，马克思主义经济学在批判吸收古典经济学合理内核的基础上，建立起自己的生产劳动理论。此处需要提及的是，马克思运用历史与辩证、一般与特殊的分析方法，坚持从生产的社会形式角度对生产劳动进行研究。虽然他从产品的角度加以考察，用简单劳动过程的观点对生产劳动作了定义，但同时又认为"对于资本主义生产过程是绝对不够的"②。从而展开了对资本主义生产劳动的全面而深入的剖析，并且对生产性劳动和非生产性劳动同物质生产和非物质生产作了明确的区分。他说："劳动的物质规定性，从而劳动产品的物质规定性本身，同生产劳动和非生产劳动之间的这种区分毫无关系。"③ 由此，突破了生产劳动物质观点的局限，为不同性质劳动与不同形式利益关系的研究开辟了道路。

（二）经典作家对于服务的论述及其利益线索

在《资本论》开篇中，马克思这样写道："资本主义生产方式占统治地位的社会的财富，表现为'庞大的商品堆积'，单个的商品表现为这种财富

---

① 《马克思恩格斯全集》第 46 卷上册，人民出版社 1979 年版，第 42 页。
② 《资本论》第 1 卷，人民出版社 1975 年版，第 205 页。
③ 《马克思恩格斯全集》第 26 卷上册，人民出版社 1972 年版，第 150 页。

的元素的形式。因此，我们的研究就从分析商品开始。"① 由此从以物质实物形态表现的商品入手揭开了《资本论》研究的序幕。与此同时产生了另外一个问题，即为什么没有把那些不以物质实物形态表现的劳务或服务纳入到研究的范围之中。

对此，马克思作了如下的解释："大多数这样的劳动者几乎还不是在形式上从属于资本，而是属于过渡形式。整个说来，这样一些劳动同资本主义生产的数量相比是微乎其微的量，这些劳动只能作为服务来享受，不能转化为与劳动者分开的、从而作为独立商品存在于劳动者之外的产品，但是它们可以直接被资本主义利用。所以，可以把它们完全撇开不谈；只有在研究雇佣劳动时，在论及不同时是生产劳动的雇佣劳动的范畴时，才能考察它们。"② 在其他论述中，马克思也表达了类似的观点。后人对于马克思上述解释存在意见分歧。③ 但是有一点可以肯定，围绕研究的任务，坚持科学的研究方法，依据资本主义生产方式下非物质生产规模尚小的现实状况，那些大多不属于这种生产方式的非物质生产当然可以被撇开不谈。

虽然服务没有被纳入到整体研究之中，然而依然可以找寻到对其进行的相关论述。马克思说："任何时候，在消费品中，除了以商品形式存在的消费品以外，还包括一定量的服务形式存在的消费品。"④ "服务只是劳动的特殊使用价值的表现，因为服务不是作为物而有用，而是作为活动而有用。"⑤ 可见，在马克思的论述中，服务从来应属于人类需要的一部分，而且是以运动形态作为表现形式的。

但是，"必要的"与"生产的"虽然对于致富、寻求经济利益的目的而言很难作出明确区分，然而马克思主义经济学却始终坚持而没有放弃。原因在于其批判的本质，对于现存社会职能与制度合理性的质疑。这种区分指出

---

① 《资本论》第1卷，人民出版社1975年版，第47页。
② 《马克思恩格斯全集》第49卷，人民出版社1979年版，第106页。
③ 参见王建民：《马克思为什么要"舍象"非物质生产劳动》一文，载《当代世界与社会主义》，2002年第6期。
④ 《马克思恩格斯全集》第26卷上册，人民出版社1972年版，第160页。
⑤ 《马克思恩格斯全集》第49卷，人民出版社1979年版，第108—109页。

了社会财富由什么人生产出来,又被什么人所占有的事实,指出了不同社会阶层在社会财富的生产和分配中所处的地位。① 其实质就是在对利益问题更为深入的剖析和研究。

依此区分,马克思认为:"服务并没有变成资本的因素。所以服务不是生产劳动,服务的承担者也不是生产劳动者。"这一论断恰是建立在服务劳动在当时的社会条件下并没有采取资本主义生产方式,不是资本主义雇佣劳动。至于那些提供服务的"一大批所谓高级劳动者,如国家官吏、军人、艺术家、医生、牧师、法官、律师等等,他们的劳动有一部分不仅不是生产的,而且实质上是破坏性的,但他们善于依靠出卖自己的非物质商品或把这些商品强加于人,而占有很大部分的'物质'财富。"如果承认这些服务劳动也是生产劳动,就会"为各种冒充生产劳动的谬论敞开了大门"②。可见,在上述对服务的分析中,虽然没有直接使用利益的范畴,但是全部的分析却没有脱离利益创造和利益分配的主线。

二、西方经济学的研究

经济活动无疑要以实现一定的经济利益为目标,而政治经济学正是一门研究财富如何形成和分配,即经济利益问题的科学。因此无论是马克思主义经济学还是西方经济学,都不可能脱离利益的主题。只不过由于世界观和方法论等方面的巨大差异,使得二者对于利益及其他经济问题的认识和主张产生了重大的区别。

(一) 西方经济学利益理论方面的研究

在经济意义上将利益与财富联系起来进行论述的最早的学者当属古希腊的色诺芬。在其著作《经济论》中,他写道:"财富是一个人能够从中得到利益的东西。"③ 之后的亚里士多德也发表了自己对财富的看法。他说:"那

---

① 参见王晓鲁:《第三产业与生产劳动》一书,四川人民出版社1986年版,第4—6页。
② 《马克思恩格斯全集》第26卷上册,人民出版社1972年版,第168、164页。
③ [古希腊]色诺芬:《经济论·雅典的收入》,商务印书馆1961年版,第3页。

些富有钱币的人常常有乏食之忧,这又如何能算是财富呢? 一个人拥有大量的财富然而却因饥饿而死,就像寓言中的米达斯那样,他的贪婪的祈祷使得面前的一切物品都变成了黄金。"① 这些观点都表达了朴素的唯物主义思想,正确地揭示了利益的内容以及财富与利益的关系。

到了资本主义阶段,利益的内容与财富的观念发生了重大变化。早期重商主义者将货币视作财富的唯一形式,把贸易看成产生财富的源泉,这种状况虽然在晚期有所改变,但是总体上仍旧将经济利益局限于货币这一物本身以及能赚取黄金货币的工业特别是商业劳动范围内。稍晚的重农主义则认为农业劳动是创造财富的劳动。对此,魁奈说:"君主和人民绝不能忘记土地是财富的唯一源泉,只有农业能够增加财富。"② 他认为只有农业生产才能创造"纯产品",创造财富,因而一切利益的本源实际是农业。虽然重农学派同重商学派一样,在看待财富、利益方面依然是从价值增殖的角度出发的,但在利益源泉的认识上却向前推进了一大步。其重大意义在于,"真正的现代经济科学,只是当理论研究从流通过程转向生产过程的时候才开始的。"③

与上述两个学派相比,古典政治经济学的杰出代表人物亚当·斯密对利益的认识则取得了重大的进展和成就。

首先,他提出劳动是财富的真正源泉。斯密说:"任何一个物品的真实价格,即要取得这物品实际上所付出的代价,乃是获得它的辛苦和麻烦。""劳动是第一性价格,是最初用以购买一切货物的代价。世间一切财富,原来都是用劳动购买而不是用金银购买的。所以,对于占有财富并愿用以交换一些新产品的人来说,它的价值,恰恰等于它使他们能够购买或支配的劳动量。"④ 由此,他"抛开了创造财富的活动的一切规定性,——干脆就是劳

---

① [古希腊]亚里士多德:《政治学》,中国人民大学出版社2003年版,第18页。
② 《魁奈经济著作选集》,商务印书馆1979年版,第333页。
③ 《资本论》第3卷,人民出版社1975年版,第376页。
④ [英]亚当·斯密:《国民财富的性质和原因的研究》上卷,郭大力等译,商务印书馆1972年版,第26—27页。

动,既不是工业劳动,又不是商业劳动,也不是农业劳动,而既是这种劳动,又是那种劳动"①,从而以劳动的一般来看待财富的创造,揭示了利益产生的劳动源泉。

其次,他对生产劳动理论作了较为深入的探讨,提出了区分生产与非生产劳动的标准,但是这一标准却又是双重的。其一,一种劳动只要"同资本相交换",除了把自己的工资再生产出来以外还产生了资本的增殖,它就是生产劳动;其二,生产劳动应是生产物质的、有形商品的劳动,反之则属于非生产劳动。他所提出的前一标准为马克思的生产劳动理论所继承,而后一标准则遭到了马克思的批判。② 总体来看,斯密的生产劳动理论在利益创造的研究上又进了一步,但他又在这一问题上划定了范围,体现出历史和认识的局限性。

再次,他提出了三个分工原理③,对分工促进生产力给予了详细的论述。《国富论》开篇就写道:"劳动生产力的最大增进,以及运用劳动时所表现的更大的熟练、技巧和判断力,似乎都是分工的结果。"④ 可见,斯密已经注意到了分工对于利益的影响,但仅局限于生产力层面。他"为了说明分工就假定有了交换,而为了要有东西可交换又假定有了分工"⑤。而为了说明交换的原因,他又求助于人类天性,将其归结为"利己心"使然。对此,他言道:"我们每天所需的食料和饮料,不是出自屠户、酿酒家或烙面师的恩惠,而是出于他们自利的打算。我们不说唤起他们利他心的话,而说唤起他们利己心的话。我们不说自己有需要,而说对他们有利。"⑥ "每个人改善自身境

---

① 《马克思恩格斯选集》第 2 卷,人民出版社 1995 年版,第 21 页。
② 马克思在批判斯密生产劳动理论的第二个标准的同时,还指出了产生这种错误的三个来源。参见《马克思恩格斯全集》第 49 卷,人民出版社 1979 年版,第 108 页。
③ 这三个原理包括:分工是提高劳动生产力的主要手段;分工起因于商品交换;社会分工的发展自然顺序应遵循从农业到工业再到商业的顺序。
④ [英] 亚当·斯密:《国民财富的性质和原因的研究》上卷,郭大力等译,商务印书馆 1972 年版,第 5 页。
⑤ 《马克思恩格斯全集》第 47 卷,人民出版社 1979 年版,第 312 页。
⑥ [英] 亚当·斯密:《国民财富的性质和原因的研究》上卷,郭大力等译,商务印书馆 1972 年版,第 14 页。

况的一致的、经常的、不断的努力是社会财富、国民财富以及私人财富所赖以产生的重大因素。"① 而"私人利润的打算，是决定资本用途的唯一动机"②。可见，人的需要在斯密那里也完全为利己所淹没。更进一步，他的论述又从自利发展到互利。他认为："消费是一切生产的唯一目的。而生产者的利益，只在能促进消费者的利益时，才应当加以注意。这原则是完全自明的，简直用不着证明。"③

斯密的论述已成为现代西方经济学中"经济人"假设的思想渊源与经典表述，而他的努力也使利益一词指向了对物质经济利益的追求。④ 但是这种建立在抽象人类天性上的利益理论显然停留在现象的表面，局限于所处社会阶段和狭隘阶级立场内，不能用历史、唯物的视野去分析，因此始终未能揭示利益的本质，存在着严重缺陷。此后的经济学家对利益的研究也发表过许多看法。如法国经济学家萨伊说：政治经济学是"阐明财富是怎样生产、分配与消费的"科学，它考虑的只是和"财富的增加与减少有关系的方面"，说明"在什么情况下商业确实有利，在什么情况下一个人得到利益而另一个人遭受损失，以及在什么情况下商业对一切的人都有利"⑤。美国制度学派的代表人物康芒斯则认为："政治经济学这门科学起源于利益的冲突，以及人们要把利益冲突改变为一种理想主义的利益协调的努力。"⑥ 这些看法在对利益的认识上有着或多或少的贡献。但是在资本主义经济关系确立的前提下，起初对于经济利益发表看法的热情也逐渐转向如何在这种既定的关系体

---

① ［英］亚当·斯密：《国民财富的性质和原因的研究》上卷，郭大力等译，商务印书馆1972年版，第316页。
② ［英］亚当·斯密：《国民财富的性质和原因的研究》上卷，郭大力等译，商务印书馆1972年版，第345页。
③ ［英］亚当·斯密：《国民财富的性质和原因的研究》下卷，郭大力等译，商务印书馆1974年版，第227页。
④ 参见孟捷：《经济人假设与马克思主义经济学》，载《中国社会科学》，2007年第1期。
⑤ ［法］萨伊：《政治经济学概论》，陈福生、陈振骅译，商务印书馆1963年版，第15—16页。
⑥ ［美］康芒斯：《制度经济学》上册，于树生译，商务印书馆1962年版，第134页。

系内、在利己心催动的条件下，去提高经济效益，促进经济增长，因而经济利益不是作为独立的范畴去研究，而是对象化于财富、价值、利润、工资等范畴中。

（二）西方经济学中的服务经济思想

西方经济学对于服务的论述并没有直接与利益联系起来，而多是从财富的角度加以考察。威廉·配第较早就对运输服务格外关注。他说："在所有古代国家或古代帝国，谁经营航运谁就占有财富。"① 他甚至认为"一个海员等于三个农民"，并将海员、士兵和商人视作与农民和工匠一样的"社会的真正支柱"②。及至亚当·斯密则在生产劳动理论的基础上认为服务并非生产劳动，由此将服务与财富、利益的创造隔离开来。

上述两位经济学家在劳动是财富的源泉上保持了很大程度的一致，但是对于服务与财富关系的认识上却存在差异。其后的萨伊则在效用价值论的基础上提出"无形产品"的概念，认为生产服务这种无形产品的劳动是生产劳动，那些"生产无形产品的人，通过多次的这种交换行为，可以发财致富"③。但是萨伊自己对无形产品的确切含义也没有搞清楚。他混淆了生产与消费，有着"泛服务论"的倾向。而经济学家马尔萨斯则认为私人服务是非生产性的。他说："私人服务是这样一种劳动或勤务，不论它怎样有用或重要，或者怎样能间接有助于物质财富的生产和安全，其本身都不体现为任何可以估价的以及不需要服务者在场就可以转移的物质客体，因而不能计算在国民财富之内。"④ 但是由于他根本没有理解斯密的生产劳动理论，因此也不能将其持有的财富观和生产劳动观完全贯彻下去。此后的经济学家，如巴师夏、瓦尔拉斯、马歇尔则将所有使用价值均归入服务范畴，从而肇始了商品与服务不加区分与界线的模糊，同时也逐渐抛弃了古典经济学的生产劳

---

① 《配第经济著作选集》，商务印书馆1981年版，第42页。
② 《配第经济著作选集》，商务印书馆1981年版，第23页。
③ [法] 萨伊：《政治经济学概论》，陈福五笔型、陈振骅译，商务印书馆1963年版，第128—129页。
④ [英] 马尔萨斯：《政治经济学原理》，厦门大学经济系翻译组译，商务印书馆1962年版，第120页。

动理论。总体来看,他们对于服务的分析虽提出了一些有益的线索,但总体上是表面化的,自然也不可能从利益的视角作出或多或少深入地剖析。

三、国内外研究状况

无论说人类步入后工业化时代、信息化时代还是服务经济时代,社会生产、生活方式确定无疑地已发生了重大的变化,而经济学的研究也进入了"现代"发展阶段。那么,在系统总结马克思主义经济学以及西方经济学在利益以及服务方面的思想和观点的基础上,有必要继续疏理、总结国内外目前在上述领域的研究状况。以下部分将分为国外研究状况、国内研究状况,最后做一个总结。

(一)国外研究状况

1. 利益方面的研究

作为目前西方主流经济学的新古典经济学,在对经济利益本质与规律的研究和揭示方面几乎没有什么进展。如果说还有贡献的话,恐怕应该从其研究范式的革新中去寻找。从斯密之后,"经济人"逐渐成为预设的前提,而对经济利益的追求也演化成对个人效用、厂商利润、国家福利的最优求解,散见于不同的经济学范畴中。表面上"福利"一词与利益最为接近,但是最多在利益的量上尚可一言,但是与利益的质的研究还相去甚远。虽然在主流经济学中,博弈的方法和原理对于研究双方或多方在面对经济利益的决策与相互关系时有着独特的审视视角,但是这种方法却终究难以替代利益理论的建构与深入。

目前能看到的更为直接体现经济利益研究的,一是在非主流经济学中正在风行的"利益集团理论",另外就是延续斯密、李嘉图在贸易利益方面的研究。利益集团是"因兴趣或利益而联系在一起,并意识到这些共同利益的人的组合"[①]。在制度经济学看来,"利益集团的压力在结构变革中起了重要

---

① [美]加布里埃尔·A. 阿尔蒙德,小 G. 宾厄姆·鲍威尔:《比较政治学:体系、过程和政策》,曹沛霖等译,上海译文出版社 1987 年版,第 200 页。

作用"①，他们之间的博弈，并且最终重新对利益的分配是经济结构和制度变迁的重要原因。可见利益集团所指的群体利益在某种意义上已超越了私人利益，而引入新古典的方法，从利益博弈进行分析构成该理论的鲜明特征。同样的方法被应用到贸易领域中。如运用无差异曲线、生产可能性曲线以及设计各种数学模型，贯彻新古典"最优"与"均衡"的思想，从而揭示贸易国通过贸易如何从中获取利益以及能够获得多大的利益，还有从利益集团的角度分析其对贸易政策的影响，等等②。

此处尤为需要提及的是两本译介国外关于经济利益方面的著作。一本是由美国经济学教授丹尼尔·W. 布罗姆利所写的《经济利益与经济制度——公共政策的理论基础》，另一本是由捷克著名经济学家奥塔·锡克所写的《经济－利益－政治》。

布罗姆利在其著作的中译本序中这样写道："个人和集团有着他们希冀实现的经济利益，并且由此通过集体行动形成制度安排，他们确信这些制度安排将有助于他们实现自己的利益。"布罗姆利同时表明了自己的写作意图，"希望读者领悟到：经济学是研究利益和制度的相互作用如何决定了我们周围的经济体制的性质的"③。而他眼中的制度包括行为准则和规则或所有权，利益是"代表个人受特定结果影响的程度，并因此而激发对将要作出的选择的关注"④，经济利益则依旧是与成本相对的收益。由此观之，布罗姆利的利益概念已经包含了"主体"的含义，而他的研究努力也在一定程度上揭示了利益的关系层面，并且与制度联系起来，研究二者的关系，这是有贡献意义的。难怪有人视其著作具有马克思主义。

---

① [美] 道格拉斯·C. 诺斯：《经济史上的结构和变革》，厉以平译，商务印书馆1992年版，第220页。
② 参见吴韧强：《利益集团对贸易政策影响的理论模型研究综述》，载《世界经济研究》，2007年第5期。
③ [美] 丹尼尔·W. 布罗姆利：《经济利益与经济制度——公共政策的理论基础》，陈郁等译，上海三联书店、上海人民出版社1996年版，中译本序第2页。
④ [美] 丹尼尔·W. 布罗姆利：《经济利益与经济制度——公共政策的理论基础》，陈郁等译，上海三联书店、上海人民出版社1996年版，第50、173页。

与布罗姆利相比，奥塔·锡克的分析则是基于马克思主义经济学范式展开的。他认为："人们的需要和利益是经济活动的最主要的、最直接的和客观决定的动力。"①"一定的需要或爱好形成人们的利益。利益是以特别强烈地和比较持久地满足一定需要为目的的。这些需要是：物质需要、对活动和关系的需要和文化的需要。"如果为利益下一个定义，那就是"利益是人们满足一定的客观产生的需要的集中的持续较长的目的；或者这种满足是不充分的，以致对其满足的要求不断使人谋虑；或者这种满足（由于所引起的情绪和感情）引起人的特别注意和不断重复的、有时是更加增强的要求"②。奥塔·锡克的上述论述是基于唯物主义作出的，尤其在著作中对于需要与利益关系的论述也是较为全面且深刻的。但是他对利益所下的定义却是不完全、不准确的。对此，国内学者已有指出，认为"锡克对利益的定义所描述的仅仅是人与自然客体对象的关系，是利益的自然属性。他没有看到（或者他没有明确指出），正是满足需要必须借助一定的社会过程，才引起了差别、对立，人们才开始'谋虑'其需要的满足"③。这一评价是中肯而切中要害的。

2. 服务方面的研究

国外先行的服务经济催生出丰富的理论成果。自20世纪30年代起，在资本主义世界经济复苏中，服务业的地位与重要性日益明显。而此时经济学和统计学的发展和完善也为相关研究作了理论和方法上的准备。最早出现的从产业角度考察服务的概念——第三产业，就是由同时期英国经济学家、新西兰奥塔哥大学教授A. 费希尔（A. Fisher）在其著作《安全与进步的冲突》中提出的。④ 他采用剩余法进行的界定，与现在人们的理解有很大差距。后来在西方的经济学文献中，第三产业就基本为服务业所代替了。但是对许多

---

① ［捷］奥塔·锡克·《经济－利益－政治》，王福民译，中国社会科学出版社1984年版，第249页。
② ［捷］奥塔·锡克·《经济－利益－政治》，王福民译，中国社会科学出版社1984年版，第262—263页。
③ 参见张晓明：《论利益概念》，载《哲学动态》，1995年第4期。
④ Fisher, A., *The Clash of Progress and Security*, London, Macmillan, 1935.

经济学家,如 A. 费希尔、柯林·克拉克(C. Clark)以及库兹涅茨等,他们对于产业的分类各有不同。① 这种统计口径的差异给研究带来许多麻烦,甚至让人们怀疑所得结论的正确性和科学性。

关于服务经济的理论主要包括:三次产业发展阶段理论、"服务经济"理论、"后工业社会"理论和新工业主义。② 这些理论从不同角度对服务业兴起的原因、服务业与经济增长以及工业的关系、服务业经济对产业组织的影响及其发展的真正意义等问题给出了较为深入的研究,具有一定的理论价值和启发性。如为人们所广泛熟知和引用的基于三次产业演进经验规律而归纳出的配第—克拉克定律;影响人们对现时代社会发展阶段认识,由富克斯(V. Fuchs)提出的"服务经济"和由贝尔(D. Bell)提出的"后工业社会"的概念③;对服务化现象给予了别样的解释,由格沙尼(J. Gershuny)阐述的"自我服务社会"的思想④以及由沃克(R. A. Walker)创新的"新劳动分工体系"的观点⑤,等等。上述理论思想是在服务以产业形态大规模兴起的背景下形成的,即使在深刻性、解释力等方面存在或多或少的缺陷,但无疑为从利益角度对服务展开深入广泛的研究提供了丰富而宝贵的线索,打下了良好的基础。

总体来看,国外对服务的研究主要依着两条线索进行。第一条,延续新古典的方法,实证的偏好,进行传统经济学线性平面式的研究;第二条,与其他学科交叉,或是运用新的学科知识,对服务经济进行立体式的研究。在一篇国内发表的综述性文献中,作者将西方目前对现代服务经济的研究归为

---

① 参见黄少军:《服务业与经济增长》,经济科学出版社 2000 年版,第 63 页。
② 对于这些理论的详细介绍和疏理参见黄少军:《服务业与经济增长》,经济科学出版社 2000 年版,第 61—83 页。
③ Daniel Bell. *The Coming of Post - industrial Society*, Heinemann Educational Books Ltd, 1974.
④ Jonathan Gershuny. *After Industrial Society? The Emerging Self - Service Economy*, Humanities Press, 1978.
⑤ Richard A. Walker. *Is There a Service Economy? The Changing Capitalist Division of Labor*, Science and Society; 49 (1), Spring 1985, pp 42—83.

三大主题，即服务范畴、服务业的归类以及服务业与经济增长的关系。① 前两个问题一方面反映了对服务的认识至今仍是一个颇有争议的问题，但另一方面又说明现实经济的发展变化及表现出的复杂性确实超出了人们的想象。后一个问题则成为从产业、宏观经济角度对服务进行把握的热点。这些问题对于利益视角的剖析事实上颇有益处。不深入认识庞杂服务行业的性质、特征和分类，那么就不可能有效揭示错综复杂的利益关系；不明白服务业对经济增长的影响，也就不能充分认识利益的"量"的增长究竟何故。

如果按照1975年由布朗宁（Browning）和辛格曼（Singlemann）提出的服务业分类的思想，可将其划分为四大类，包括生产性服务业、消费性服务业、分配性服务业与社会公共性服务业。② 而除了深入研究服务业内部结构规律外，生产性服务业成为研究的热门。这不仅由于其成为各种服务业增长最快的部门，同时也引起了其他领域，如地理学家和区域经济学家的关注。③ 这一现象提示我们，对于产业之间关系的揭示应为利益角度研究所重视，而空间取向也要纳入利益研究的范围，从而全面深化利益研究的内容。

然而在运用新古典方法，主要集中于实证分析之外，对于服务的研究还有来自其他视角的探讨和进展。日本战后服务业同样迅猛发展，基于马克思主义经济学，关于服务劳动是否为生产性劳动，是否创造价值的争论至今仍未停止。代表性的学说有三种，包括20世纪60年代居于主导的服务劳动不创造价值说，70年代兴起的"扩张学说"以及90年代以后提出的服务劳动

---

① 夏杰长，尚铁力：《西方现代服务经济研究综述》，载《国外社会科学》，2006年第3期。
② Browning, H., and Singelman, J., *The Emergence of a Service Society: Demographic and Sociological Aspects of the Sectoral Transformation of the Labor Force in the USA*, Springfield, VA: National Technical Information Service, 1975.
③ 对于国外在生产性服务业方面的研究情况，可参见两篇国内研究综述。一篇是由甄峰，顾朝林，朱传耿所写的《西方生产性服务业研究述评》，载《南京大学学报（哲学·人文科学·社会科学）》，2001年第3期。另外一篇是由高春亮所写的《文献综述：生产者服务业概念、特征与区位》，载《上海经济研究》，2005年第11期。

—劳动力价值形成说。后两种学说都坚持服务劳动创造价值的观点。① 上述学说的出现应该说是久已有之争论的延续,但它同时反映出理论与实践结合的难点,这也将可能成为利益视角探讨中面对的难点。

而另外一本关于非物质劳动的书中则展现了别样的观点。作者认为:"非物质劳动正处于生产和消费之间新关系的十字路口(或者宁可说它是接口)。""非物质劳动生产的首先是一种'社会关系'(创新、生产和消费的关系)。只有当它在这一生产中成功时,他的活动才有经济价值。这个活动立即使物质生产'遮蔽'的一些东西变得显而易见,即劳动生产的不仅是商品,最重要的是它生产了资本关系。"② 作者强调:"今天我们正在见证的其实并不是服务业的增长,而是'服务关系'的发展。"③ 当然作者文中谈到的非物质劳动被界定为"生产商品的信息内容与文化内容的劳动",这与服务劳动的一般认识是有区别的。但是重视对于主体的分析,揭示现象背后的关系实质,这些思想观点是具有启发意义的。

(二) 国内研究状况

1. 利益方面的研究

我国是以马克思主义为指导的社会主义国家。利益问题是马克思主义经济学的重要研究领域,因此理论上也一直受到多方的关注,尤其是当经济变革、利益关系变动时,这种关注尤为明显。但是总体而言,除了从哲学视角对利益进行研究,同时对经济利益所作分析外,经济利益大多没有作为一个重要范畴、成为经济分析的独立部分,而是与西方经济学一样对象化为具体的经济范畴中。这并不是说经济利益范畴要覆盖全部,它也不可能运用各处而皆准,

---

① 所谓的扩张学说,指的是经济学家们试图通过发现或设想服务劳动价值载体的实体,从而像物质实物形态商品一样,名正言顺被人们承认服务劳动创造价值。更详细的介绍参见谭晓军、刘锋:《日本学者关于服务劳动性质的争论——在马克思经济学视角下的研究》一文,载《国外理论动态》,2006年第7期。

② [意]毛里齐奥·拉扎拉托:《非物质劳动》,高燕译,载《国外理论动态》,2005年第3期和第4期。

③ [意]毛里齐奥·拉扎拉托:《非物质劳动》,高燕译,载《国外理论动态》,2005年第3期和第4期。

而是说研究不够专、不够深，与其作为基础范畴的地位不相适应。即便如此，国内对于利益问题的研究还是取得了许多可喜的理论成果和进展。

20世纪80年代末90年代初，中国正处于经济改革的重要转折时期。利益及经济利益问题引起了人们格外的关注，出现了许多从哲学及经济学视角对利益问题进行探讨的理论文献，这一时期成为利益研究的一个重要的繁荣时期。① 人们通过集中而广泛的研究，对利益的概念、本质、分配，利益矛盾，经济利益及利益关系等问题有了深入的认识，为进一步改革作了很好的理论准备。而利益研究的另外一个繁荣时期则在20世纪末21世纪初。② 这一时期较之前一时期的集中研究范围更加广泛，不仅对利益或经济利益本身研究更为系统、深入，而且利益或经济利益理论也得到了适当的运用，范畴体系进一步拓展。主要表现在：处于基础地位的马克思主义利益理论更加充实，利益或经济利益与制度变迁的关系受到重视，产业结构、利益结构及地

---

① 这一时期，著作类文献格外集中，论述也精当深入。如张循理的《利益论九讲》（中国青年出版社，1987年版）、王伟光、郭保平的《社会利益论》（人民出版社，1988年版）、赖朝荣的《利益论——社会主义利益问题研究》（重庆出版社，1989年版）、张应让的《利益理论研究》（河北科学技术出版社，1990年版）、朱奎保的《利益论》（华东师范大学出版社，1991年版）、苏宏章的《利益论》（辽宁大学出版社，1991年版）、恽希良的《经济利益概论》（四川人民出版社，1991年版）、赵奎礼的《利益学概论》（辽宁教育出版社，1992年版）和郑贵斌、张卫国的《工农利益关系论纲》（经济科学出版社，1993年版），等等。

② 这一时期的代表性著作文献有：袁惠民等人所写的《当代中国经济利益结构矛盾新论》（广东高等教育出版社，1997年版）、姜洪的《利益主体、宏观调控与制度创新——中国现实经济问题研究》（经济科学出版社，1998年版）、张国钧的《邓小平的利益观》（北京出版社，1998年版）、胡荣涛的《产业结构与地区利益分析》（经济管理出版社，2001年版）、余钟夫的《制度变迁与经济利益》（陕西人民出版社，2001年版）、刘建平的《农业比较利益论》（华中科技大学出版社，2001年版）、王伟光的《利益论》（人民出版社，2001年版）、柳新元的《利益冲突与制度变迁》（武汉大学出版社，2002年版）、谭培文的《马克思主义的利益理论——当代历史唯物主义的重构》（人民出版社，2002年版）以及余明勤的《区域经济利益分析》（经济管理出版社，2004年版），等等。而经济利益理论与实践丛书的出版则进一步推进了经济利益理论的研究。丛书包括：洪远朋等所写的《经济利益关系通论——社会主义市场经济的利益关系研究》、陈飞翔的《开放利益论》、金伯富的《机会利益论——兼析其在金融体系中的应用》、刘宁的《分享利益论——兼析在我国的发展与运用》（均为复旦大学出版社，2004年版）等。

区与区域经济利益的研究得到加强,部门利益及其他各种利益的研究活跃。此处需要重点提及研究中深化的对利益及经济利益一些思想认识,这对于本书的分析是有益的。

第一,利益的双重属性得到深入阐述。

马克思主义经济学对范畴的理解并不限于表面,不仅从其所体现的人与自然之间的关系进行审视,而且特别关注其中包含的人与人之间的社会关系,即范畴所体现的自然与社会的双重属性,这对于利益范畴来说也不例外。张晓明认为:"理解利益的二重属性是解开利益之谜的关键。""作为一种自然属性的人的利益是人对自然物品的需求,因而是直接的、具体的和无限多样的。在需要和满足需要的劳动的过程中,人的需要和满足需要的活动及其物品都发展起来,逐步形成了所谓需要的体系和有用劳动及其物品的体系,人于是从主、客体两个方面完善了自己作为自然存在物的属性。"① 这一论述正确地指出了利益自然属性的实质,并且将需要、劳动、物品和利益联系起来,强调了利益主体的地位,继承并发挥了马克思的"体系"思想,因而是深入科学的。同时,他认为"直接通过自己的生产劳动,以满足直接的物质对象为内容的需要,实际上还不能构成利益。这就像动物直接以自然对象满足自己的生存需要不能构成它们的利益一样。利益是一种社会性需求,或是以社会关系为中介的需求,社会性是其根本属性。"而这一属性是这样形成的:"随着需要的多样化和满足需要的劳动的分化的进展,每一个人的需要都要由他人的劳动来满足,而每一个人的劳动也是适合于他人的需要。需要和满足需要的劳动在不同的人和不同的人群之间分开了。因此,满足需要必须借助社会过程才能完成。"② 此处,作者不仅指出了利益的根本属性,而且从需要发展、劳动分化的角度论述了其形成过程,由此进一步将分工纳入其中,并暗含利益处于矛盾运动的开放状态。

---

① 张晓明:《论利益概念》,载《哲学动态》,1995年第4期。
② 张晓明:《论利益概念》,载《哲学动态》,1995年第4期。

第二，利益的五层含义得以被揭示。

利益的五层含义是指利益的客体性、主体性、过程性、时间性和空间性含义。① 利益的客体性含义表明，利益是需要的满足；利益的主体性含义表明，只有符合利益主体需要的利益才是利益；利益的过程性含义表明，利益必定是通过经济活动谋取的，在一定的经济过程中实现的；利益的时间性含义表明，利益总是在一定的时间中实现的，利益随着时间的变化而变化；利益的空间性表明，利益总是在一定的空间中实现的。而经济空间本身就产生了不少利益关系，如区域经济发展之间的利益关系等。

需要固然对于利益形成非常重要，但是却不能将利益仅规定为需要的满足。首先，它需要主体性含义的补充。其次，正如国内学者指出的那样："如果把利益规定为需要的满足，那么我们对利益的把握是静态的不是动态的。……利益范畴就很难对现实的利益保持一种开放的方法与状态。""只要社会生活是变化发展的，利益也必然是随着变化发展的。因此，说利益是需要的满足，只有在此时此地针对某一场景或某一事物才是有意义的；从整个社会生活来看，利益总是需要的不断产生和满足的过程，这个活生生的过程必然是结合社会生活本身才能作出进一步具体阐释的。"② 而利益的过程性、时间性及空间性含义则正是在此意义上对客体性的补充和深化。可见，上述利益的五层含义清晰而递进地揭示了利益的内涵。

第三，利益"利"、"害"双向性得到全面表达。

从哲学的视角，叶蓬指出："如果说，价值范畴表达的是主体和客体关系的肯定性，那么可以说，利益范畴表达的是包含主体与客体之间肯定关系和否定关系于一身的规定性。"③ 换言之，利益是同时包含着"利"与"害"的一个范畴。而这种双向性的产生的原因就在于利益的主体性。符合利益主

---

① 关于利益的五层含义参见余政：《综合利益论》，复旦大学出版社 2004 年版，第 53—60 页，以及洪远朋教授等《社会利益关系演进论—我国社会利益关系发展变化的轨迹》，复旦大学出版社 2006 年版，第 40—41 页。
② 叶蓬：《利益范畴之我见》，载《现代哲学》，1999 年第 3 期。
③ 叶蓬：《利益范畴之我见》，载《现代哲学》，1999 年第 3 期。

体的需要对于主体而言构成利益,但是"对一定主体是有益的东西,对另外主体可能是有害的。即便是对于同一个主体,不同时间、不同条件下的利益也是不同的。而且,利益与需要之间还常常存在相悖的地方"①。因此,研究利益,不仅包含着客观存在的实证,而且还有价值判断的规范。而这也包含在利益的历史分析中,要将个体利益与共同利益、阶段利益与长远利益、特殊利益与一般利益很好地结合起来,如此才能真正反映利益的全貌,理解利益发展的历史方向,将人的生存性与发展性统一到追求利益的过程中。

第四,影响经济利益的因素得到系统总结。

恽希良在其著作《经济利益概论》中总结了影响经济利益的因素。他说:"各种现实的经济利益和经济关系,主要是在人的需要、社会生产、谋利益认识三个因素的影响下形成的。""需要推动人们去从事谋利活动,社会生产提供谋利的物质条件,谋利观念和主观努力使谋利活动得以进行。"但是他认为这三个影响因素并非居于同等重要的地位:"社会生产是最重要的因素,它决定着人们实际谋得的经济利益的性质和数量,决定着主体之间经济利益关系的特点。"② 上述见解体现出辩证唯物的思想,对于影响经济利益因素的揭示也是全面深入的,这一点充分体现在观念的作用从需要的欲望、生产劳动的能动性中剥离出来,而作为一个独立的影响因素。可见,利益主体的地位真正被凸显出来。

2. 服务方面的研究

我国对于服务的研究,主要起因于其生产劳动性质的界定上。从 20 世纪 60 年代起,一共经历了三次大的讨论,且都是在理论与实践对接中产生诸多困惑或是社会经济发生变革的情况下展开的,最终也都可以在讨论问题背后寻到利益的线索。③ 而对于生产劳动的界定,各方持有不同的观点,其

---

① 蒙爱军:《论经济的利益本质》,载《经济学家》,2007 年第 2 期。
② 恽希良:《经济利益概论》,四川人民出版社 1991 年版,第 32、38、41 页。
③ 讨论始于 20 世纪 60 年代何炼成教授对于《中国经济问题》发表的一篇《关于生产劳动与非生产劳动》书中的商榷。这三次大讨论分别发生于 20 世纪 60 年代、80 年代和 20 世纪末至 21 世纪初。关于三次大讨论的重要文献,可参见何炼成主编:《社会主义劳动新论》,科学出版社出版 2005 年版。

焦点主要针对的就是服务劳动。关于这一点，我们将在之后的分析中专门谈到。通过广泛讨论，不仅发展了马克思主义生产劳动理论，而且为我国服务业的实践奠定了理论基础。

此处需要特别提及的是服务价值论的确立，它对于我国服务基础理论的建立具有重要意义。① 该理论基于马克思主义经济学范式，对服务消费品的使用价值和价值作了逻辑严谨、系统而深入的论述，从而确立了服务消费品也是商品的地位，在服务领域贯彻了劳动价值理论。可以说，该理论从一个方面说明了服务的利益性问题。同时期，第三产业正式纳入国家经济统计的范围，理论研究和应用研究同步进行。

随着我国服务业的迅猛发展，其研究也逐步兴盛起来。较有代表性的理论成果涉及以下内容：关于第三产业与生产劳动关系的探讨，关于服务业与经济增长问题的研究，关于第三产业经济学与发展问题的研究，关于服务业内部结构演变趋势的研究，关于现代服务业发展研究以及服务业区位空间问题研究等。② 这些理论成果或是运用马克思主义经济学进行分析，或是运用现代经济学的分析手段展开研究。有的侧重理论，有的侧重应用。它们所使用的方法、运用的资料以及获得的研究结论无疑将有助于本书的分析。

四、结论

要想深入事物内部，从而揭示现象背后的本质规律，那么，以理论研究为任务的本书唯有建立在科学的理论以及方法论基础上才能达到目的。这一理论与方法论无疑要从马克思主义经济学中去探寻。

---

① 对该理论做出创新性贡献的是李江帆教授。参见李江帆《服务消费品的使用价值和价值》，载《中国社会科学》，1984年第3期。
② 这些成果主要包括：王晓鲁的《第三产业与生产劳动》（四川人民出版社，1986年版），李江帆的《第三产业经济学》（广东人民出版社，1990年版），黄少军的《服务业与经济增长》（经济科学出版社，2000年版），李江帆的《第三产业发展研究》（人民出版社，2005年版），周振华的《现代服务业发展研究》（上海社会科学出版社，2005年版），邓于君的《服务业内部结构演变趋势研究》（广东人民出版社，2006年版），程大中的《中国服务业的区位分布与地区专业化》（载于《财贸经济》2005年第7期）等。

通过上述相关文献与研究述评不难发现，恰是由于世界观和方法论的差异，与西方经济学相比，马克思主义经济学对于利益理论和服务的论述是科学而深刻的。它的思想方法与观点将成为本书分析的方法基础与思想源泉。也唯有在这一经济学殿堂里，利益与服务才能完美结合并最终生成新的经济利益范畴——服务利益。

实践的发展已为理论研究准备了丰富的现实素材，国内外研究已取得的成果则为研究准备了理论养料。而本书的任务就是牢牢立足于确定的理论基础，切实贯彻科学的研究方法，以此实现本书的研究目标。

第三节 研究的思路、方法与创新之处

一、研究思路

提出新的范畴，展开较为全面、深入地论述并非易事。研究中遇到的首要问题是如何找到合适的理论依据、确定明确的逻辑主线，并依据具体的论题灵活运用相关理论进行论证，从而达到准确、清晰阐述论点，获得令人信服的科学结论的目的。本书对于服务利益的研究正是在牢牢把握上述分析原则基础上进行的。

具体而言，首先需要对与服务利益相关的理论论述与分析进行必要的文献梳理。通过文献综述研究，本书确认了行文的核心理论基点，即马克思主义的利益理论，并围绕"服务"与"利益"两条线索展开，二者内在的逻辑联系统一于与马克思主义的利益理论或与该理论及本书论证有着重要、密切联系的马克思主义的需要理论、分工理论及劳动理论。

理论基础的确立同时决定了书中行文的逻辑。本书遵循历史发展的逻辑，因而书中的分析始终贯彻历史分析的方法，在历史考察与现实分析的基础上廓清对服务利益的认知，包括服务利益的形成、确立、深化、发展及开放条件下的延伸，总体上呈现历史主线、由线到面、由浅入深、层层推进的

研究思路。

书中行文还特别注意一般与特殊结合对比的分析思路。首先表现在对于范畴的诠释体现辩证发展的认识方法，如对于需要、分工、劳动等的分析不仅从人类发展的高度作一般性的阐述，同时又将其置于具体的社会形态下加以考察，因而能够牢固基于唯物史观，依着范畴内部矛盾的发展进行深入剖析。其次，书中不仅关注现时代服务利益的整体状况，而且特别将分析的重点落脚到我国的情况上，并加强与发达国家的对比，由此使得研究更具针对性、更富实践意义，使研究思路能够在逻辑与现实发展中有序展开。

二、研究方法

马克思在对古典政治经济学进行批判研究时，曾提到及专门论述过研究方法的问题。在《资本论》序言中，他谈到："分析经济形式，既不能用显微镜，也不能用化学试剂。二者都必须用抽象力来代替。"[①] 即"从抽象的规定在思维行程中导致具体的再现"[②]。而作为一门历史性的学科，这种"抽象的规定"与"思维的行程"必须立足于历史的发展才能达到科学把握的目的。[③] 作为理论经济学领域的具体研究对象，服务利益不论从自身的变化，还是主观的认识，同样经历着历史的变迁。因此，对其进行研究首要的方法就是历史分析的方法，即在范畴的历史演变中把握其内涵和实质，既要重视在具体的社会形态下的状况，又要辩证地理解其发展变化的必然性和合理性。

其次，利益分析的方法也是本书的重要研究方法。利益是书中的切入视角，对于服务利益的分析要始终牢牢把握利益发展的主线，科学地进行利益

---

① 《资本论》第1卷，人民出版社1975年版，第8页。
② 《马克思恩格斯选集》第2卷，人民出版社1995年版，第18页。
③ 恩格斯曾经指出："人们在生产和交换时所处的条件，各个国家各不相同，而在每一个国家里，各个世代又各不相同。因此，政治经济学不可能对一切国家和一切历史时代都是一样的。"这句话深刻地揭示了经济学的历史性，表明经济学理论、范式所具有的时空相对性和适用性。参见《马克思恩格斯选集》第3卷，人民出版社1995年版，第489页。

群体的划分。通过对相关群体之间关系的研究，在注重经济利益、服务利益量的规定性的同时，深入剖析其质的规定性，从生产力和生产关系两方面对研究范畴作出全面的分析。

对比分析法、规范分析法与实证分析法同样是本书分析要用到的重要方法。对比分析法主要用来揭示我国与其他发达国家服务利益方面的异同，有助于深入理解利益发展背后的规律，从而在政策实践方面获得更多的启发。而服务利益直接指向具体的利益主体，因而不可避免的包含着一定的价值判断，这本身构成一定的规范分析。此外，书中结合现实，对服务利益作出经验实证分析，由此使得理论分析能够建立在坚实的实践基础上。

三、创新之处

从文献述评可以看到，到目前为止，对于服务化、服务业与服务贸易的研究除了一些从经济现象客体化的角度进行的理论研究外，大部分研究多集中在实证应用方面，从经济主体关系角度的分析十分薄弱，因而选取利益角度、运用利益分析方法、从经济利益主体与客体双重角度把握问题是本书的理论创新点之一。

其次，服务利益这一范畴的提出和相应研究，是对经济利益体系的拓展和丰富，并为人们考察周围服务化现象提供了新的、更为有力的分析认识工具。而书中对服务利益的研究立足于历史唯物主义的世界观和方法论，提出了较为完整且逻辑严谨的分析框架，竭力避免就现象论现象、从现象到现象的分析，这可谓本书在理论上取得的又一进步。

此外，除了时间维度上的分析，本书同时重视空间维度的考察，是在时空变化中把握服务利益，由此使得分析更为全面深入。而书中也并非完全纯理论的思辨，而是紧密结合现实，特别是我国现实分析问题，并在此基础上提出相关的对策建议，因此具有更强的针对性和实践性，这构成本书现实方面的重要创新。

第四节 研究内容和结构安排

本书除导论部分外分为六章。这六章内容和结构安排依据上述所提出的问题和确定的研究思路展开，具体如下：

第二章集中考察服务利益的形成，不仅确认了全书历史分析的基调和主线，更为重要的是为全书奠定了坚实的理论基础和分析的逻辑起点。第一章导论部分的文献述评在本章得以深入和发展，并基于书中研究主题，得到全面阐发。具体表现在，本章提出把握服务利益形成的三大理论基点，即需要、分工和劳动，并认为需要是服务利益研究的起点，分工是服务利益形成的条件以及劳动是服务利益实现的手段，由此围绕本书核心理论，即马克思主义利益理论，建构起全书分析的理论元素和支点。

第三章深入论述服务利益的确立，是第二章分析的历史自然延续。本章在前一章的基础上直接指向本书的论题，提出服务利益的范畴并予以剖析，同时对现时代服务利益的发展现状，特别是发达国家与我国的状况作了一定程度的对比，从而进一步深化对服务利益范畴形成与确立的历史规律的认识，为以下章节全面展开对服务利益的研究打下基础。

第四、五、六章分别从财富效应与结构效应中服务利益的深化，部门差异与空间差异中服务利益的发展以及从封闭经济到开放条件下服务利益的延伸进行了分析。看似平行的结构实则有着清晰的逻辑线索，即从时间的发展到空间的拓展，其间又始终贯穿着基本的理论元素。这三章是在第二章理论分析和第三章范畴提出基础上对服务利益全面而详尽的论述。

第七章总结了本书各章的主要结论，并提出了相关启示和政策建议以及有待进一步研究的问题，是书中的总体结论部分。

本书的框架结构如图1-1所示：

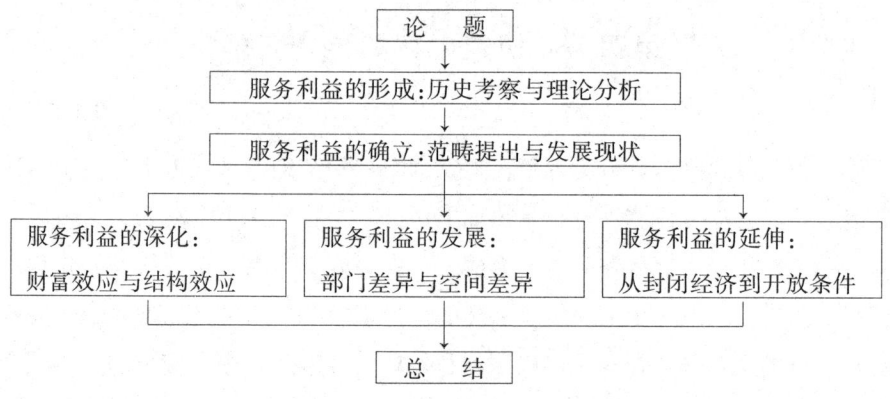

图1-1 服务利益框架图

第二章

服务利益的形成：历史考察与理论分析

任何事物的产生都不可能凭空而就。服务利益范畴的提出首先应该建立在对其发展有着充分历史认识的基础上，同时运用理论抽象进行把握，由此来深化对范畴形成的唯物史观的理解，并构建相应的理论分析的逻辑起点和框架。因此，本章的分析将集中于对服务利益形成的历史考察与理论剖析上。

马克思在论述政治经济学研究方法时，指出经济学在它产生时期所走过的道路，是"完整的表象蒸发为抽象的规定"，而科学上正确的方法应该是"抽象的规定在思维行程中导致具体的再现"。由此，"从劳动、分工、需要、交换价值等等这些简单的东西上升到国家、国际和世界市场的各种经济学体系就开始出现了"[①]。而本书的分析恰是要从需要、分工与劳动这些"简单的东西"中去寻找服务利益形成的理论基础。

关于需要、分工与劳动这三者与利益范畴的关系，上一章导论部分曾对马克思主义经济学的相关思想观点做过一定的疏理。通过疏理，不难发现，这些思想观点是构成马克思主义利益理论的重要组成部分，它们从不同方面对利益加以阐发，同时也包含着构建马克思主义经济学需要理论、分工理论与劳动理论的过程。而这些基本范畴与理论之间的关系及彼此的交织将成为本章进一步分析的起点。因此，以下论述将分为三部分，分别从需要、分工与劳动三个维度对服务利益的形成进行分析。鉴于服务利益尚处于孕育形成

[①] 《马克思恩格斯全集》第46卷下册，人民出版社1980年版，第38页。

阶段，本章分析的目的也主要在于揭示这一阶段服务利益的发展状况，因此，下述行文为了全书逻辑的一致，虽然以"服务利益"入题，具体分析却依然主要沿用非物质需要、非物质利益等提法，这样的表述并不影响我们对书中内容的理解，相反对范畴的发展阶段会有更好的认识。

第一节　需要是服务利益研究的起点

马克思主义经济学认为，需要是利益的前提和基础，需要和利益的关系在社会性上取得了高度一致，可见需要对于利益的形成具有极其重要的意义。李炳炎在其著作《需要价值论》中甚而指出："不管怎样，任何一门科学，无论是自然科学还是社会科学，都必须以一定的需要为出发点和落脚点。"[①] 这一论述不仅表明作者将需要置于很高的地位，而且包含着重要的唯物主义的思想，同时为科学研究提出了基本的立足点。那么，利益视野中的需要究竟如何？非物质需要在需要体系中到底有着怎样的地位？从利益视角对需要的发展进行历史的考察又会有何种新的认识？这些问题对于理解服务利益形成的必然性至关重要。

一、利益视野中的需要

对需要的剖析贯穿于马克思主义经济学分析的始终，形成了建立在历史唯物主义基础上的科学而独特的需要理论。这一理论立足于人本位的世界，从人的生存与发展，进而从社会与历史、生产与实践的角度来理解需要范畴，从而真正揭示了人类需要的本质。

（一）形成利益的需要是人的需要，是一定利益主体的需要

马克思、恩格斯关于"第一个历史活动"的论述一再提示我们，需要及

---

① 李炳炎：《需要价值理论——富国裕民论》，云南人民出版社1990年版，第84—85页。

利益的形成首先起因于人的与生俱来的生命活动与生存本能的"内在规定性"。这种自然生理需要或生存需要不仅构成人本位世界的基础和形成扩张的原初动因，而且将需要的主体与客体统一于需要范畴之中。正是由于主体与客体之间处于悬缺的张力关系状态，因而才产生需要，也构建出利益范畴的原初空间。

然而形成利益的需要并非等同于动物的需要，否则不可能也无需在人本位世界中去探讨需要与利益的相关问题。人的需要与动物需要的本质区别也恰在于对于人的本质的揭示。马克思指出："人的本质不是单个人所固有的抽象物，在其现实性上，它是一切社会关系的总和。"① 这种社会关系显然只有人，而不是动物，在满足自身需要、追求利益的普遍动因的驱动下，通过能动的社会生产实践结成"真正的社会联系"。联系越广泛紧密，人的本质力量体现得越充分；这种本质力量越充分发挥，需要与利益的实质则越彰显。所谓的实质，就是将人与动物分开，体现人的本质的一切社会关系、社会性。因此，自然需要固然重要，但是更具重大意义的是社会需要；利益的自然属性也固然重要，但是社会属性则更具根本性。

由上分析可见，形成利益的需要，其主体是人，而人的广泛的真正的社会联系则将主体演化成更加丰富多样的形式，即各种不同的需要主体和利益主体。只有当需要的客体为一定的主体所占有和支配，也即将需要的客体、利益的内容置于一定的社会生产关系中，需要才称之为利益的需要，利益才称之为需要的利益。那么，这些利益主体事实上将构成按照一定的标准划分的经济利益体系，包括个人利益、企业利益、国家利益及各种部门利益与地区利益。利益群体的划分不仅有助于更好地认识利益主体的性质和特征，而且也是利益分析方法运用的前提。

(二) 形成利益的需要是前进历史中多方面的、无限丰富发展的需要

社会发展是一个历史过程，创造社会的人的需要同样经历漫长的历史发

---

① 《马克思恩格斯选集》第1卷，人民出版社1995年版，第60页。

展过程。这一过程包含着生产方式的更替与进步。人的需要也在这种更替与进步中发生着变化。马克思指出:"必不可少的需要的范围,和满足这些需要的方式一样,本身是历史的产物。"① 只有将需要的发展还原到历史发展的过程中,才能以历史唯物主义的眼光审视需要发展的社会性、历史性、阶段性,才能理解需要的开放性、多面性以及无限性。

人的本质的规定本身意味着人的多面性,而人类的社会生产实践将这种多面性不是在想象里,而是在现实中生产出来。由此人的需要也必然表现为多方面的需要,利益也必然表现为多方面的利益。随着社会生产的发展,需要与利益的空间范围不断拓展。具体表现为:"由于人类自然发展的规律,一旦满足了某一范围的需要,又会游离出、创造出新的需要。"② "已经得到满足的第一个需要本身,满足需要的活动和已经获得的为满足需要而用的工具又引起新的需要,而这种新的需要的产生是第一个历史活动。"③ 需要的无限性与人类的利益动机的永恒性是一致的,而人正是"以其需要的无限性和广泛性区别于其他一切动物"④。

(三)形成利益的需要是通过劳动实践不断得以满足的需要

需要的满足不是观念的设想,"需要也如同产品和各种劳动技能一样,是生产出来的"⑤,是通过劳动实践创造实现的。"没有需要,就没有生产。而消费则把需要再生产出来。"⑥ 因此,需要不仅是劳动实践的原因,而且也是劳动实践的目的。劳动实践不仅生产出需要的内容,而且生产出需要的联系。由此在体现人的本质、展示并运用人的本质力量的同时,需要的主体与客体、内容与形式在实践性上达到统一,利益的自然属性与社会属性的双重属性得以充分表达。

通过劳动实践,需要结构与生产结构处于相互依赖、相互制约、相互促

---

① 《资本论》第1卷,人民出版社1975年版,第194页。
② 《马克思恩格斯全集》第47卷,人民出版社1979年版,第260页。
③ 《马克思恩格斯选集》第1卷,人民出版社1995年版,第79页。
④ 《马克思恩格斯全集》第49卷,人民出版社1979年版,第130页。
⑤ 《马克思恩格斯全集》第46卷下册,人民出版社1980年版,第19页。
⑥ 《马克思恩格斯全集》第46卷上册,人民出版社1979年版,第29页。

进的关系状态。"生产不仅为需要提供材料,而且它也为材料提供需要。"①生产越不发展,需要的内容也越简单。而经济活动又以经济利益为最主要、最直接的动机,推动人类通过经济实践满足主体不断产生的新的需要。恽希良对此概括为:"古往今来,人们从事种种经济活动都是为了谋求一定的经济利益或物质利益。经济活动中结成的生产、交换、分配、消费关系,都涉及人们的利益得失。各种经济关系均是利益关系。"② 这进一步表明利益贯穿于需要与劳动实践的始终,实践性于其具有重要意义。

二、非物质需要在需要体系中的地位

人本位世界中,多面性、无限发展性和实践性决定了需要是一个建立在劳动实践基础上的对于人而言的开放的体系。这一体系在历史唯物主义的线索中呈现出一定的层次性,并由不断上升的规律所支配。而"生产物质生活本身"的"第一个历史活动"则决定了物质需要是需要体系的基础,但是唯基础论或仅仅囿于基础的作用是不够的。只有在看到基础重要作用的同时,放眼于整个需要体系的历史发展,才能更好地理解需要为人的目的。

由此,我们首先对几种重要种类的需要及需要层次做一简明扼要的疏理,这不仅有助于理解需要体系,对本书后面的分析也是必要的,然后将集中探讨非物质需要在需要体系中的地位问题。

(一) 几点疏理与澄清

现有的文献对需要种类的划分大多是成对出现的,如自然需要与社会需要、生产需要与生活需要、必要需要与奢侈需要、经济需要与非经济需要、物质需要与精神需要,等等,这本身体现了需要的层次性与多样性。而上述各种需要在需要体系中的地位显然并不等同,在概念上也有着交叉、重叠,并且在相互对立中有着转化的趋势。如大多数物质需要表现为经济需要,而经济需要中除了物质需要外,还包括精神需要。生产需要与生活需要则既有

---

① 《马克思恩格斯全集》第 46 卷下册,人民出版社 1980 年版,第 19 页。
② 恽希良:《经济利益概论》,四川人民出版社 1991 年版,第 1 页。

物质需要，也有精神需要，且生产需要不一定都是经济需要，经济需要也不一定都是生产需要。至于必要需要，最初表现为自然需要，但是必要需要依据不同的历史条件和生产方式状况，范围也不同，部分奢侈需要会逐渐发展为必要需要。因此，对于需要的分析既要注意多视角的审视，又要基于具体的研究目的和背景进行实事求是的考察。①

本书所采用的非物质需要的概念在需要分类中并非常见。大多数文献采用与物质需要相对的精神需要来表达。② 但是在物质需要与精神需要之间事实上存在着概念盲点，这反映在人们对二者理解所形成的思维定势上。物质需要是以物的使用价值来满足的人的需要，这里的"物"通常指的是物质实物实体，也就是"第一个历史活动"创造的物质生活条件；而精神需要则是人对通过物质所派生出来的精神东西的直接依赖而产生的需要，是情感、心理等方面的需要。可见，对于劳务、服务形式提供的使用价值有意无意地被舍象或忽略掉了。③ 但是随着服务的发展，对概念盲点就不能再熟视无睹了。消除盲点的思路是通过论证服务劳动的结果——服务产品具有物质性，或者以"人作为特殊的物质实体具有使用价值"为桥梁来证明为人的服务是物质的，

---

① 关于各种需要的具体含义、类别和体系的详细研究，可参见王伟光：《利益论》，人民出版社 2001 年版，第 50—62 页。
② 目前能看到的对非物质需要有所说明的是奥塔·锡克。他在《经济－利益－政治》一书中指出："物质需要，往往也包括肉体的需要，要以物质使用价值来满足；非物质需要则相反，从不以物质使用价值来满足。"由此，他划分出几种基本需要，除物质需要外，显然运动和活动的需要、与别人的关系的需要、文化需要都属于非物质需要。参见［捷］奥塔·锡克《经济－利益－政治》，王富民等译，中国社会科学出版社 1984 年版，第 254 页。
③ 舍象或忽略的原因，正如在导论中对马克思舍象掉服务的分析一样，既有现实发展的制约，也有研究意图的考虑。此外，严格说来，服务与劳务是有区别的，不宜合二为一。依据白仲尧教授的观点，服务是社会劳动分工的产物，是生产力发展的表现；劳务是人们将自己的劳动能力供他人驱使，是生产关系发展的表现。白教授还从服务与劳务生产的特点及产品方面进行了区别。参见白仲尧：《服务经济论》，东方出版社 1991 年版，第 24—25 页。

从而对劳务、服务的需要属于物质需要。①

但是这种论证并没有直接阐明对服务的理解。笔者更倾向于黄少军对服务的分析。他认为服务是运动形态的使用价值。② 有鉴于此，本书仍沿用通常对物质需要的理解，即物质需要是对物质实物实体的需要，而将服务归于非物质需要。那么，非物质需要就不单是精神需要了。不仅如此，我们不通过论证服务产品的物质性来说明服务需要属于物质需要，而是将人类消费的产品划分为实物产品和服务产品两大对应的种类，它们具有相互转化的可能。至于精神产品则不属于此划分关系内，它既可以是实物的，也可以是非实物的。这种处理方法不仅延续了传统的认识和逻辑，清晰地区分了物质、精神与服务，而且与本书中的非物质生产及非物质利益范畴保持了内涵的一致性，对于本书核心论题——服务利益的分析和理解也是有利的。

那么从整体上对需要的层次进行考察，依据马克思主义的观点，可以将人的需要划分为生存需要、享受需要和发展需要三大层级。③ 对此，恩格斯曾这样表述："一有了生产，所谓生存斗争便不再围绕着单纯的生存资料进行，而要围绕着享受资料和发展资料进行。"④ 可见，建立在唯物史观上的需要理论真正体现了人本位世界存在的核心意义，这对于我们用辩证发展的眼光看待新的事物与现象显然是有启发的。

（二）关于非物质需要地位的思考

依据唯物史观，物质需要无疑是需要体系的基础，并决定非物质需要的发展；反过来，非物质需要又对物质需要产生影响。二者在不同的历史阶段有着相对不同的地位，并在交互作用中共同促进需要体系的发展，但是物质

---

① 这些论证思路可参见白仲尧：《服务经济论》，东方出版社 1991 年版，第 49—55 页；王伟光：《利益论》，人民出版社 2001 年版，第 57 页。而前者论述中的物质概念已具有哲学上的意义。
② 参见黄少军：《服务业与经济增长》，经济科学出版社 2000 年版，第 98—101 页。
③ 当然还有其他的需要层次理论，比如美国学者马斯洛所归纳出来的五种需要，包括生理需要、安全需要、社交需要、自尊需要和自我实现需要。但是这种建立在心理学上的理论显然缺乏物质基础的理解，因而也不能深刻的揭示需要的实质。
④ 《马克思恩格斯全集》第 20 卷，人民出版社 1971 年版，第 653 页。

需要归根到底的基础地位与决定作用是不容否定的。这些原理和观点为我们把握非物质需要提供了尺度和方法。为了集中于本书的研究主题，我们将精神需要从非物质需要中分离出来，重点探讨非物质需要中对劳务、服务的需要。①

正如导论中马克思、恩格斯关于服务的论述所提到的那样，服务消费品从来都是人类需要的一部分。但是生产力的发展水平和当时社会的生产方式状况决定了物质需要的内容和层次，决定了满足自然需要的能力、方法和途径，同时也决定了必要需要的范围和高度，由此也就确定了物质需要与非物质需要的相对地位，以及自然需要、必要需要与非物质需要交叉重合的程度。历史发展表明，非物质需要在低下生产力水平下不仅被局限于非常狭小的空间，与物质需要的关系极为松散，且有着一定的此消彼长的关系。仅有的发展缓慢的非物质需要中的相当大的一部分属于少部分利益群体的奢侈需要，这种状况加剧了物质需要与非物质需要的对立状态。但当生产力水平有所发展，不仅物质需要的内容愈加丰富，非物质需要的范围也在扩大。对此，马克思指出："以前表现为奢侈的东西，现在成为必要的了。而所谓奢侈的需要，例如对于那个自然产生的并完全从自然必要性中成长起来的部门来说，也成为必要性了。"② 可见，必要需要范围的扩展事实上在推进非物质需要在需要体系中的地位和作用，并且也成为加强物质需要与非物质需要联系的途径。

上述简要分析表明，从物质需要占据需要体系的绝对优势地位到非物质需要的发展，二者相对地位的变化，生产力是其中决定性因素。这种认识显然坚守唯物主义的原理。但是同样由于生产力发展，当非物质需要等同甚至超越物质需要时，能否认为需要体系的基础变成了非物质需要呢？如若坚持唯物史观，答案显然应该是否定的。然而问题的另一方面，我们又必须站在具体的历史发展阶段上去认识需要的发展，研究具体生产方式下的主导需要状况。因此，有必要对需要的拓展做历史景观式的考察，当然出发的角度非

---

① 事实上，一部分服务就是为了满足精神需要的，这种做法并不影响对非物质需要的分析。
② 《马克思恩格斯全集》第46卷下册，人民出版社1980年版，第19页。

利益莫属，如此不仅可以从生产力，而且可以从生产关系的变迁中深入领略非物质需要，尤其是其中对劳务、服务需要的发展。

三、需要拓展过程中利益发展的历史线索

研究需要拓展过程中利益发展的历史线索，涉及到对整个社会形态划分的问题。马克思主义对社会发展形态有两种划分。一种是五形态，即把社会发展过程分为原始社会、奴隶社会、封建社会、资本主义社会和共产主义社会五种依次演进的社会经济形态；另外一种是三形态，即认为社会发展过程经历人的依赖关系、物的依赖关系和自由个性三大发展阶段。其中，后一种划分又是以自然经济、商品经济和产品经济三种经济形式为基础的。[1] 显然，原始社会、奴隶社会和封建社会应归属于自然经济。而本书的分析将依据具体情况交叉使用上述两种划分。

首先来看前资本主义时代，人类社会处于"人的依赖关系"的最初的社会形态中，人的生产能力只是在狭窄的范围内和孤立的地点上发展着，整体的经济状况表现为自然经济，即生产是自行地进行的日常活动，人们所需的生活资料不是由其他社会生产部门提供，而是由生产者自己生产。生产的目

---

[1] 关于社会五形态理论是马克思在研究西欧资本主义起源中提出的，这个思想在1846年马克思、恩格斯合著的《德意志意识形态》一书中基本形成，1859年马克思在《〈政治经济学批判〉序言》中作了经典的表述，即"亚细亚的、古代的、封建的和现代资本主义的"以及"未来共产主义的"五大社会形态；而三形态理论是马克思在《1857—1858年经济学手稿》中的概括，他指出："人的依赖关系（起初完全是自然发生的），是最初的社会形态，在这种形态下，人的生产能力只是在狭窄的范围内和孤立的地点上发展着。以物的依赖性为基础的人的独立性，是第二大社会形态。在这种形态下，才形成普遍的社会物质交换，全面的关系，多方面的需求以及全面的能力体系。建立在个人全面发展和他们共同的社会生产能力成为他们的社会财富这一基础上的自由个性，是第三个阶段。第二个阶段为第三个阶段创造条件。"参见《马克思恩格斯全集》第46卷上册，人民出版社1979年版，第104页。同时，刘佑成认为："从生产关系的前一个方面出发，即从人们对个别劳动的占有关系出发，马克思把社会发展过程划分为五种形态，其核心都是财产占有关系。从生产关系的后一个方面出发，即从个别劳动和社会总劳动的关系出发，马克思又把社会发展过程划分为三大形态，其核心是劳动交换关系。"参见刘佑成：《社会分工论》，浙江人民出版社1985年版，第68页。

的就是以物的使用价值直接满足人的消费需要。这种物质需要虽然会随生产的发展而自行发展，但是却难以超出人的自然需要的限制，因而发展十分缓慢。① 人类在漫长的历史时期内被局限于必要需要的满足和生存需要的抗争中。至于非物质需要则更难有较大的发展。由此可见，与需要及物质需要的状况相对应，利益的量的空间还十分狭小，非物质利益也不可能企及物质利益的绝对统治地位。

放眼于具体的社会形态，不难发现，在利益量的水平普遍低下的情况下，利益关系却有着很大的不同。马克思指出："我们越往前追溯历史，个人，从而也是进行生产的个人，就越表现为不独立，从属于一个较大的整体：最初还是十分自然地在家庭和扩大成为氏族的家庭中，后来是在由氏族间的冲突和融合而产生的各种形式的公社中。只有到18世纪，在'市民社会'中，社会联系的各种形式，对个人来说，才只是表现为达到他私人目的的手段，才表现为外在的必然性。但是，产生这种孤立个人的观点的时代，正是具有迄今为止最发达的社会关系（从这种观点来看是一般关系）的时代。"② 马克思的论述事实上已穿越了前资本主义时代，直到"市民社会"这一代表资本主义社会经济关系的社会。③ 从他对个人与整体联系的认识中，我们看到，作为需要的主体，当然也是作为生产目的的人，在不同的社会形态中有着不同的规定。

原始社会中，极为低下的生产力水平决定了整体的存在是个人存在的前提，因而所谓人的需要，就是公社共同体的需要，也直接就是社会的需要，人类的需要。④ 如果将这一共同体视作利益共同体的话，那么与共同需要相对的就是共同利益。从与整体的外部联系上看，这种利益关系尚处于原初的

---

① 参见李淑梅：《人的需要结构及其历史发展》，载《教学与研究》，1999年第8期。
② 《马克思恩格斯全集》第46卷上册，人民出版社1979年版，第21页。
③ 马克思的市民社会概念包括两个层面的含义：第一，就其所处的时代和理论批判的对象而言，它指的是资本主义社会的经济关系；第二，就其内在本质而言，它指的是一般市场经济条件下的商品经济关系。参见张跣《市民社会》，载《国外理论动态》，2006年第7期。
④ 王晓鲁：《第三产业与生产劳动》，四川人民出版社1986年版，第51页。

与生物界的联系中;从内部看,人与人之间是一种平等的、相互依赖的关系。① 但这种利益关系显然尚未充分发展。

到了仍以自然经济为主导的奴隶社会和封建社会,虽然存在着以满足他人需要为目的、以创造交换价值为基础的生产,但是这种小商品生产却依然受限于自然需要的发展,因而总体上仍然是直接为了满足人的消费的需要。但是这里的人已不再是处于利益共同体中的平等关系的人,而是利益共同体瓦解、分化后的人,是具有不平等利益关系的利益主体。此时的需要也出现了分化,结果产生了面向人类的基本需要与共同需要和面向少数利益群体的个别需要和奢侈需要。利益的对抗性、双向性形成,同时需要内部也出现了对立的状态。而生产关系作为表示人与人之间的利益关系,决定了各利益主体需要实现的可能性与现实性的大小,也决定了利益主体对于剩余产品、剩余利益的占有和支配。正是由于剩余利益在生产力不断进步条件下得以产生、壮大,从而为非物质需要的发展提供了前提和可能,非物质利益的形成和发展同物质利益一样,是以人类的需要为起点。

而资本主义是"以物的依赖性为基础的人的独立性"阶段,"在这种形态下,才形成普遍的社会物质交换,全面的关系,多方面的需求以及全面的能力体系"。这是一个自然经济全面为商品经济所取代,进而发展到市场经济阶段的社会。生产不再以直接满足生产者的需要为目的,而是通过交换来实现。人的需要的满足被社会化和中介化了,主要表现在:自然需要更多地体现出社会性,从而社会需要成为较之自然需要更为普遍、更具决定意义的需要;对使用价值的直接追求转换为对价值、交换价值的渴望,由此对千差万别的物质生活条件这一人类的真正利益的追求演变为对单一的交换媒介物——货币利益的追求。如此,一方面利益的量的规定性达到了高度的统一

---

① 叶蓬认为,原始社会不存在真正意义上的利益关系,因为人与人之间的关系淹没于正面的价值关系之中,关系的肯定倾向和否定之间互相牵制的张力比较薄弱。只有在关系既可得到实现又可得不到实现之时,它才会强化起来。从生产关系的角度来看,只有个体的物化财富的得与失的对峙关系出现之时,利益关系才会出现。从他的论述中可见,如果认为原始社会存在利益关系的话,也是一种原始的关系。参见叶蓬:《利益范畴之我见》,载《现代哲学》,1999 年第 3 期。

和一致的衡量，其发展空间被史无前例地拓宽了；而另一方面则掩盖了利益背后的真实内容，呈现出颠倒抽象的状态。

在这一社会形态中，"人信赖的是物（货币），而不是作为人的自身。……仅仅是因为这种物是人们互相间的物化的关系，是物化的交换价值，而交换价值无非是人们互相间生产活动的关系"。可见，在发达的交换制度中，对货币的信赖，使得"人的依赖纽带、血统差别、教育差别等等事实上都被打破了，被粉碎了"，由此人获得了"独立性"，而利益关系也成为一种物化的关系。但是"这种联系借以同个人相对立而存在的异己性和独立性只是证明，人们还处于创造自己社会生活条件的过程中，而不是从这种条件出发开始他们的社会生活。这是各个人在一定的狭隘的生产关系内的自发的联系"①。由此观之，人类的需要层次虽然超越了生存，却依然在为享受和发展而奋斗；物化的利益关系虽然激发了无限的需要和生产的欲望，却仍旧没有为利益主体自由自觉地利用和掌握。

而资本主义时代的非物质需要在急剧膨胀的生产力条件下也取得了迅速的发展，并且由于"物化关系"的力量愈来愈多地以经济需要的形式表现出来。而物质需要与非物质需要，特别是对服务的需要，以及物质利益与非物质利益，特别是服务供需条件下利益——这也是服务利益形成的基础，它们之间的关系也在货币利益与物化关系下越加紧密，相对地位也发生了变化。关于这一点，我们将在以下的部分，结合其他方面继续深入探讨。

第二节 分工是服务利益形成的条件

在上一节中，通过分析我们得知，需要是利益的逻辑和现实的起点，没有需要，就不可能有谋求利益的必要。同理，非物质利益也源于需要，并且由需要的上升规律为其发展开辟道路。但是，非物质需要的产生及与物质需

---

① 《马克思恩格斯全集》第46卷上册，人民出版社1979年版，第107、108页。

要的分离、壮大并非观念的玄想,其条件就是分工。"需要又取决于分工"①,没有分工的发展,无限丰富的需要就不可能找到现实的出路;没有分工的深化,利益矛盾就不可能充分地展开。深入了解服务利益的形成,也不可能离开对分工的剖析。

一、利益视野中的分工

马克思主义分工理论认为,分工是"不同种类的劳动的并存"②,是社会化劳动的一种形式。它由生产力发展水平决定,并同需要一样,也经历自然历史的发展过程。由此,分工一方面发展了人类的劳动能力,推动了生产力的进步,从而使需要的多样性和社会性成为可能,并促进了经济利益的量的增长;而另一方面又使利益关系处于张力、对立状态,拓展了利益关系的空间,又使人失去对自身劳动的控制。作为"政治经济学的一切范畴的范畴",分工成为理解和研究其他范畴的基础和条件。③

(一)分工条件下需要体系与利益体系的发展

从物质需要到非物质需要,自然需要到社会需要,必要需要到奢侈需要,能够对如此繁多的需要予以划分,其首要的前提就在于需要的存在,在于创造各种需要内容的不同种类的劳动的并存,即劳动的形式——分工。分工是社会劳动分化和独立化的过程。通过分工,劳动形成一个多分支而有层次的体系,从而也形成了现实中不断发展、日益丰富的需要的体系。分工不仅丰富了需要的形式,而且推动着需要内容的发展。与此相对应,利益的形式和量的规定性也得以发展。这充分体现在分工对生产力的促进作用上。可见,分工是需要体

---

① 《马克思恩格斯全集》第3卷,人民出版社1960年版,第459页。
② 《马克思恩格斯全集》第26卷下册,人民出版社1974年版,第296页。
③ 《马克思恩格斯全集》第47卷,人民出版社1979年版,第304页。此处的分工更准确地说指的是工厂内部的社会分工。马克思和恩格斯对分工的论述循着两条线索展开:一是政治经济学的分工范畴,对象主要是生产分工,包括资本主义生产方式下的企业内部分工及存在于一切商品经济中的社会生产分工;二是历史唯物论和科学社会主义理论范围内的分工问题,除了生产分工外,主要探讨了脑力劳动、体力劳动的分工以及城乡和工农分工。参见刘佑成:《社会分工论》,浙江人民出版社1985年版,第16—17页。

系与利益体系形成的条件。

分工条件下的需要体系与利益体系不仅反映出人与自然关系得以多方位拓展,联系愈加紧密,而且意味着人本位世界中利益主体的分化,多元性的产生,动态开放的体系也为不断产生的新的需要与新的利益提供了成长的空间。这种体系的思想是进行历史分析和趋势分析的重要思想,对于理解非物质利益的发展和服务利益的形成有着重要的方法论意义。

(二)分工中利益关系的深化

分工一方面使需要体系发展和完善,但另一方面也使劳动者专业化于单一的特定使用价值的生产上。由此,满足自身需要使用价值的全面性与生产结果的片面性之间就产生了矛盾,而克服矛盾的方法则是通过交换。人的需要的多样性和无限性使需要的满足越来越复杂,交换过程所涉及的社会联系也越来越广泛,需要的社会性也就越来越显著。这不仅成为商品经济的典型特征,而且是个别需要与社会需要、个别劳动和社会劳动之间矛盾的发展。而这种广泛的社会联系与发展着的矛盾关系则无疑是利益关系深化的表现。这一过程同时也使需要体系中的各种需要愈加形成一个不可分割的整体。非物质需要随着需要体系的拓展越来越成为必要需要,非物质利益在利益体系中的地位也随之提高。

分工一方面引起了利益主体的分化和利益矛盾的发展,但另一方面又为解决矛盾提供了更为广阔的条件和空间。若单从个别需要与社会需要、个别劳动与社会劳动在生产力推动下形成矛盾的角度看,人本位世界中利益主体依旧处于被动适应型的发展状况之中,然而如若发现并能动地利用分工、需要及利益发展中的规律,那么,被满足的需要就不仅仅被局限于一定地域空间范围内,利益关系的范围也将跨越地域的限制,并且将以新的形式适应利益主体的需要。这就是需要与利益发展的辩证法。这种情况下的非物质需要与非物质利益,其在需要体系与利益体系中的作用与地位,也将被赋予新的含义。

（三）分工中的阶级利益及脑体、城乡对立

马克思、恩格斯在《德意志意识形态》中指出："分工和私有制是相等的表达方式，对同一件事情，一个是就活动而言，另一个是就活动的产品而言。"① 而在私有制的条件下，"在分工的范围内，私人关系必然地、不可避免地发展为阶级关系，并作为这样的关系固定下来"②。于是围绕阶级关系所形成的社会集团就有着自身的利益，即阶级利益。统治阶级与被统治阶级、剥削阶级与被剥削阶级之间的阶级关系显然决定了利益的占有、分配状况。在阶级社会中，阶级利益与经济利益紧密交织并对后者产生重大影响。因此，对阶级利益的剖析有助于对经济利益，尤其是对非物质利益的理解。

分工除了促成阶级的划分与阶级利益的形成，同时引致脑体分工与城乡分工。马克思与恩格斯认为："分工只是从物质劳动和精神劳动分离的时候起才真正成为分工。"③ 而脑体分工从社会基本分工中出现之始，就与阶级利益联系在一起。"一切先前的所有制形式都使人类较大部分，奴隶，注定成为纯粹的劳动工具。历史的发展，政治的发展，艺术、科学等等是在这些人之上的上层社会内实现的。"④ 可见，脑体分工后对于脑力劳动的非物质活动的需要并非人类普遍的基本的需要，而是属于统治阶级的需要，反映的是统治阶级的利益。及至脑体分工发展到机能分工的阶段，劳动过程中的脑力劳动与体力劳动分离开来。⑤ 此时对于脑力劳动的需要却是由于分工的深化而与生产过程紧密相连，并属于其中的一部分。由此导致两方面的结果。一方面，专业化要求脑体分工必须紧密结合起来，生产过程才能顺利高效进行；另一方面，由于利益关系的对抗性质，脑体分工处于对立状态。

---

① 《马克思恩格斯选集》第 1 卷，人民出版社 1995 年版，第 84 页。
② 《马克思恩格斯全集》第 3 卷，人民出版社 1960 年版，第 513 页。
③ 《马克思恩格斯选集》第 1 卷，人民出版社 1995 年版，第 82 页。
④ 《马克思恩格斯全集》第 46 卷下册，人民出版社 1980 年版，第 88 页。
⑤ 劳动的机能分工指的是直接劳动过程中人的智力活动同体力活动，智力中的构想机能和执行性机能互相分离，使之独立化。关于脑体分工的两个方面，即社会基本分工与机能分工的分析，可参见刘佑成：《社会分工论》，浙江人民出版社 1985 年版，第 8、33—37 页。

分工也引起了城乡的分离和城乡利益的对立。马克思说："一切发达的、以商品交换为媒介的分工的基础，都是城乡的分离。可以说，社会的全部经济史，都概括为这种对立的运动。"① 刘佑成认为，城乡分工是社会基本分工（在这里行政管理、商业、文化事业等同农业的划分）和生产分工（工业和农业的划分）的空间表现，包含着地域分工、社会基本分工和生产分工。② 事实上，生产分工何止包括工业与农业的划分，服务业也应当包含其内。由此观之，非物质需要与非物质利益在空间上也发生了分离，这同样是利益研究的重要方面。

二、分工深化中的非物质利益

上述分析表明，分工促成了需要体系与利益体系的形成和发展，并且使需要联系与利益关系更为广泛复杂，而阶级利益及脑体、城乡的对立对于认识利益关系无疑具有重要意义。为了更为深入理解非物质利益，进一步说是本书核心论题——服务利益的形成和发展，以下将从分工的历史中对其进行考察。

在自然经济阶段，三次社会大分工已经完成，以一般分工为主要形式的生产分工还很不发达，非生产劳动从物质生产劳动中的分离并没有对自给自足的生产方式与分工的对立产生多少影响。③ 而非生产劳动中的公共职能和

---

① 《资本论》第 1 卷，人民出版社 1975 年版，第 390 页。
② 刘佑成：《社会分工论》，浙江人民出版社 1985 年版，第 39 页。
③ 马克思曾对分工做了这样的分类："单就劳动本身来说，可以把社会生产分为农业、工业等大类，叫做一般的分工；把这些生产大类分为种和亚种，叫做特殊的分工；把工场内部的分工，叫做个别的分工"（参见《资本论》第 1 卷，人民出版社 1975 年版，第 389 页）。另外，要将物质生产与物质产品的生产区分开来。物质产品生产的结果是物质财富，而物质生产领域"除了采掘工业、农业和加工工业以外，还存在着第四个物质生产领域，……这就是运输业，不论它是客运还是货运"（《马克思恩格斯全集》第 26 卷上册，人民出版社 1972 年版，第 444 页）。可见，在马克思看来，物质生产领域的范围更广。本书的非物质生产概念事实上是从服务的特征来考虑划分的，因而将运输按照现行的统计做法归于非物质生产。而非生产劳动显然意指不具生产性的劳动，但是对于生产性问题的探讨相当复杂。本书虽然将专门涉及到服务劳动生产性问题的利益分析，但不可能面面俱到。此处的非生产劳动与非物质生产可以认为是在同一范围内进行考察。

精神劳动直接体现或指向统治阶级的利益，因而使非物质利益带有浓重的阶级色彩；就商业而言，在生产力低下、物质生产占据统治地位的自然经济阶段，这种同样被视为非生产的劳动还受着时间经济规律的支配。物质实物形态产品及其劳动按比例和规模进行生产和分配对于再生产的顺利进行至关重要。因此，当社会上从事工商业的人口多于总劳动时间所容许的限度时，这一规律就以统治者"抑商"的政策和法令表现出来。① 可见，非物质利益的发展一方面受制于生产关系，另一方面又取决于生产力水平。商业代表的非物质利益在自然经济阶段不可能超越物质利益具有客观原因，这也是非物质利益发展的物质基础。落脚到具体的社会形态，除了原始公有制分工不存在对立关系，奴隶制和封建制分工均包含生产劳动与非生产劳动分工的划分，因而具有阶级对抗性，这同时决定了这两种社会形态下物质利益与非物质利益有着对抗的性质。

而在商品经济阶段，以资本主义生产方式为代表，企业内部分工即个别分工迅速发展起来，并与社会分工相结合，使整个分工的范围和专业化的程度空前扩大和加深。具体表现在社会分工的范围不断扩大，甚至有的学者提出将非物质生产的扩展、服务业的产生称为第四次社会大分工；② 企业内部分工的程度则不断深化，程序分工、机能分工以及办公室分工成为重要的形式，从而使脑体分工进一步分化，使物质生产过程包含着诸多必要而且十分重要的非物质需要。③

---

① 所谓的时间经济规律，指的是根据各种劳动所耗费的时间量与该劳动所能提供的效用相比较，决定劳动的分配以及每一种劳动的规模。在不以对外交换为目的的生产方式中，劳动比例的确立尺度只能是劳动时间。因此，自然经济的各个生产单位内部，都是按时间经济规律实行分工的。参见刘佑成：《社会分工论》，浙江人民出版社1985年版，第73—74页。
② 李翀在其《论社会分工、企业分工和企业网络分工——对分工的再认识》一文中提出此观点。而本书认为服务业的发展依然是三次社会分工及企业内部分工的深化和发展，不宜采用第四次社会大分工的说法。但是这种观点，特别是对企业网络分工的分析却是很有启发的。该文载《当代经济研究》，2005年第2期。
③ 关于对企业内部分工的各种形式的分析可参见刘佑成：《社会分工论》，浙江人民出版社1985年版，第79—95页。

资本主义的分工除了上述两种分工的结合外，还呈现出企业网络分工，这种分工可以处于同一区域，形成区域分工，甚至跨越国界，形成国际分工。① 由此不仅使生产过程中的物质环节和非物质环节在空间中发生了进一步的分离，而且使得二者之间的关系愈加紧密，企业利益主体的利益关系从被动竞争无序型向主动合作有序型发展。

由上分析可见，在资本主义阶段，一切劳动领域被纳入到资本主义生产体系之中，一切需要都被打上资本主义商品经济的烙印。分工所引起的交换的普遍性和广泛性是资本主义之前的任何时代无法企及的。因而，那种受着自身消费限制的自给自足的自然经济被彻底地摧毁和瓦解，取而代之的仅是如何扩大资本的生产，如何让所有能带来价值和剩余价值的事物和环节加入到资本主义生产方式中。由此，不仅使资本主义的私人谋利意识空前膨胀，而且为物质利益与非物质利益关系最终上升为物质利益与服务利益的关系开辟了广阔的空间。

第三节 劳动是服务利益实现的手段

利益的形成离不开需要与分工，而利益的最终实现则有赖于劳动。劳动作为人类实践最基本的表现方式，在利益的形成与发展过程中发挥着决定性的作用。同需要与分工一样，劳动也随着生产力的进步和社会的发展而逐渐形成庞大的体系结构。而服务劳动的兴起就是其多样化及进步的表现，也是非物质需要与分工深化的要求，由此所体现的非物质利益也经历着历史的变迁。

---

① 企业网络分工是指若干家企业以契约的方式形成了一个相互一类的企业网络，来生产某种最终产品。这种分工形态产生于20世纪70年代，是介于社会分工和企业分工之间的一种分工。参见李翀：《论社会分工、企业分工和企业网络分工——对分工的再认识》，载《当代经济研究》，2005年第2期。

一、利益视野中的劳动

从导论部分对利益与劳动关系的剖析中我们已经知道，劳动不仅是现代经济学的起点，同时也是历史唯物主义的逻辑起点，利益的现实根源在于劳动。为了更深入地认识服务利益的形成，此处有必要进一步探讨利益视野中与劳动的相关几个重要问题。

（一）利益量的增长依赖于劳动的创造

人类的第一个历史活动表明，生产活动创造出来的人类赖以生存发展的物质生活条件构成了利益的基本内容，也就是利益在"量"的方面的规定性。而利益量的增长，即物质生活条件的积累，首先需要劳动的不断投入。物质生产劳动之所以在利益创造中占据重要地位，主要原因就在于物质产品的可累积性。这对于生产力水平还很低下、分工尚不发达的社会而言至关重要。因此，那些虽然必要，但是不具累积性的非物质生产劳动，其所具有的经济利益就显得十分薄弱。然而在以商品经济为典型形态的资本主义，利益并非是直接以物质生活条件表现的使用价值，而是价值和剩余价值。而此时的非物质生产劳动不仅由于生产力和分工的发展大规模地加入到物质产品的生产中，而且其自身的结果也表现为可累积性的产品。如此，利益量的增长就不能不重视非物质生产劳动的作用，非物质利益的地位由此得到提高。

然而人类不仅为了生存，更为了发展。利益不仅是人类生存方式的反映，更应该是发展方式的反映。因此，利益的基本内容——物质生活条件，就不应仅仅是物质产品，而应该是满足人类生存需要、享受需要和发展需要的一切条件，当然应该包括那些以运动形式表现的服务所提供的效用。这种"量"的增长从实物的累积性上难以反映，通过价值的累积性倒可一窥。如果我们将其回归到利益内容这个原初的含义，那么劳动创造利益就显得更为彻底了。

（二）利益关系的深化依赖于劳动的拓展

我们已经知道，人类正是通过劳动，通过生产实践，结成一定的生产关系，而贯穿生产全过程的利益关系与生产关系是一致的。因此，劳动形式的拓展事实上就意味着利益关系的深化。这种状况在劳动还没有分化为个别劳动和社会劳动之前还不明显。但是，在商品交换发达的资本主义，我们发现，"如果一切生产部门都变为资本主义生产，那么，单从剩余劳动——一般劳动时间——的普遍增加就可以得出结论：生产部门会划分的越来越多，劳动和进入交换的商品会越来越多样化"①。而劳动的多样化与需要的多样化及分工的深化同样是一致的，具体表现在："资本在促使劳动时间超出为满足工人身体上的需要所决定的限度时，也使社会劳动即社会的总劳动划分得越来越多，生产越来越多样化，社会需要的范围和满足这些需要的资料的范围日益扩大。"② 由此，劳动体系不断发展完善，利益主体多样化的条件下利益关系也在不断深化。

而上述过程同时也是劳动社会化的过程。"一方面，生产者的私人劳动必须作为一定的有用劳动来满足一定的社会需要，从而证明它们是总劳动的一部分，是自然形成的社会分工体系的一部分。另一方面，只有在每一种特殊的有用的私人劳动可以同任何另一种有用的私人劳动相交换从而相等时，生产者的私人劳动才能满足生产者本人的多种需要。"③ 可见，社会化的有用劳动的增加才是利益关系深化的重要地带。而在资本主义生产方式下，越来越多从前采取自我服务形式的劳动社会化了，意味着非物质利益关系取得了重大发展。

（三）利益双向性的发展在劳动中得以反映

在导论中，我们已经谈及了利益的双向性问题。这一问题，虽然是从哲学意义上提出，但是对于经济学的研究同样具有重要的意义。利益双向性中"害"的一面表明，符合利益主体需要从而形成的利益，一方面可能对其他利益主体有害，另一方面从整体利益甚至全人类利益来看，也可能出现相悖的后果。这种情况反映在劳动上，就包含着劳动的无用性、有害性以及对劳动的侵占性。当然这种"害"是相对的，换言之，劳动的上述三性也是相

---

① 《马克思恩格斯全集》第47卷，人民出版社1979年版，第259页。
② 《马克思恩格斯全集》第47卷，人民出版社1979年版，第260页。
③ 《马克思恩格斯选集》第2卷，人民出版社1995年版，第139—140页。

对的。

无用劳动是没有劳动成果的劳动，在商品经济社会中，还可能是价值不能够得到实现，从而浪费掉的劳动；有害劳动是破坏性的劳动，在人类发展史上，如军事劳动等引起灾难后果的劳动；而对劳动的侵占则指的是剥削劳动，是一种仅靠占有生产资料作用而获取劳动成果的劳动。① 这三种劳动不仅在物质生产劳动中存在，在非物质生产劳动中同样存在。因此，对非物质利益的分析不能忽视利益的负影响的一面，如此才能更为全面深刻。

二、服务劳动生产性问题的利益维度分析

既然我们能够理解劳动对于利益而言至关重要，是利益实现的手段，那么作为劳动体系中的服务劳动自然与其所代表的利益在逻辑上应该具有上述关系。但是，由于历史发展的客观限制，人们对服务劳动的认识并非与物质生产劳动等同，因而对服务劳动所体现的利益也并非在生产劳动的范围内理解。由此，就涉及到服务劳动是否应归为生产劳动这个重要的政治经济学命题。

关于生产劳动与非生产劳动的理论探索可以追溯到重商主义时代。在斯密那里形成了较为完整的理论架构，而马克思则在此基础上建立了自己的生产劳动理论。此后关于生产劳动与非生产劳动的理论争论在西方经济学中逐渐衰微消失。这在导论部分可以寻到诸多线索。然而我们无意加入到这一旷日持久的争论中，而是由于对生产劳动的认识直接涉及到对利益的认识，因此才认为有必要探讨服务劳动生产性问题中所包含的利益内涵。

正如王晓鲁指出的那样，生产劳动与非生产劳动的划分这一古典政治经

---

① 特别需要注意的是理解无用劳动、有害劳动和对劳动的侵占不能仅局限于其本身或特定的历史阶段，要将其同时置于具体的历史形态和人类发展的历史高度来认识，这样就能更深刻理解其中的相对性和辩证法。钱津认为，人类劳动自起源至今，质的无差只是常态下的无差别，在常态之中，存在着正态与变态的差别，常态不同于正态，常态中包容着变态，常态是正态与变态的对立统一。人类的常态劳动中，最主要的变态劳动就是军事劳动和剥削劳动。参见钱津：《劳动论》，企业管理出版社1994年版，第39—44页。

济学命题的"本意在于解答是哪些劳动创造了社会财富,从而如何通过扩大这些生产财富的劳动,限制那些不生产财富的劳动来使社会富裕"①。显然,劳动的生产性问题事实上就是劳动的利益问题。只不过在资本主义社会中建立起来的生产劳动理论,在资产阶级经济学家的思想中,很难摆脱历史的局限性,而且更多地为迎合自身的阶级需要,因此其所体现的利益是一定历史阶段上的片断利益、单层面的利益,并不能清晰而明确地揭示利益的本质。

这一点首先表现在资本主义社会形态下的生产劳动所追求的财富与富裕,不是建立在直接使用价值的享用上,而是以价值、剩余价值所表现的货币财富的拥有上。由此带来的结果是,不必像从前一样通过个别地考察每一种劳动是否提供了使用价值,满足了何种需要来判断其生产性,而是仅仅依据能否创造价值、剩余价值就可以证明其生产性了。这虽是历史前行的必然,但并非历史发展的归宿。因此,所谓的"扩大生产财富的劳动"实质上就是对货币利益形态下的增殖利益的追求,而这种利益也仅是人类利益发展史中的一个片断而已。而更为关键的是,种种生产劳动围绕的是"资本"这个中心,为的是资本增殖。因此,资本主义生产劳动理论所追求的利益归属实际上就是那些拥有"资本"权力的利益主体。虽然重商主义、重农主义的观点主张与斯密的理论相比,还没那么清晰明显,但是能够从贸易、从农业中获取剩余利益的并非一般的商人和农民。可见,表面上带有普遍性的生产劳动,其对财富的追求,即普遍的利益的创造,事实上回避了利益的分配与占有关系,因为该理论虽然暗含着对谁而言是生产的,但是并没有明确指出其中的关系。因此,该问题所体现的利益又是不完整的,仅局限于利益量的规定上的单层面的利益。

具体到服务劳动,当然也适用于上述的分析结论,但绝不仅限于此。在导论中我们谈到了斯密生产劳动的二重定义以及马克思对此所作的批判、继承和发展,并且也简要地分析了马克思在整体研究中撇开不谈服务的原因。这些对于我们利益视角的考察是有益的。从马克思的研究中,我们不仅领会

---

① 王晓鲁:《第三产业与生产劳动》,四川人民出版社1986年版,第4页。

了生产劳动的一般,更发现了生产劳动的特殊。生产劳动的一般就是指创造满足全人类生存、发展和享用的共同需要、基本需要的一般人类财富的劳动;生产劳动的特殊就是在特定社会形态下,如斯密和马克思对资本主义生产劳动所下的定义,其核心是能为资本带来增殖的劳动。① 这启示我们,对生产劳动的上述辩证理解事实上就包含或必然导致对利益的辩证理解,要在人类的共同利益、基本利益和具体社会阶段的利益的结合、疏离与相互交织作用中来理解利益的发展、变迁。

那么我们再来审视服务劳动生产性问题中的利益,就会发现,服务劳动在人类历史的很长时期,虽是必要的,但几乎并非承担生产的职能,而这种必要更多地与人类的共同需要与基本需要、共同利益与基本利益是偏离的,甚至是相悖的。因而对于享受到这种劳动的人来说,它是生产的,但那仅仅是小部分人的既得利益,或是局部利益,最终依然要被淹没到人类共同利益的汪洋大海中。而只有当这种劳动所体现的利益真正融入人类共同利益的发展空间中,那时的利益才能突破物质利益的限制,并有可能推动新型利益关系的形成。而资本主义生产方式则为服务劳动的这种发展提供了条件。

马克思认为:"资本不是同单个的劳动,而是同结合的劳动打交道,正如资本本身已经是一种社会的、结合的力量一样。"② 这种社会的、结合的力量打破了生产劳动的单一性,使之包含各种不同的社会职能,此时的"单个劳动本身不再是生产的,相反,它只有在征服自然力的共同劳动中才是生

---

① 大多数学者认为马克思从简单劳动过程的角度为生产劳动所下的定义就是一般生产劳动的定义,即"从产品的角度加以考察,……劳动本身则表现为生产劳动"。参见《马克思恩格斯全集》第23卷,人民出版社1972年版,第205页。但是也有的学者认为马克思没有"一般生产劳动"范畴。参见岳宏志、寇雅玲:《马克思没有"一般生产劳动"范畴》,载《当代经济科学》,2007年第1期。而本书则更同意王晓鲁的看法,即"由于马克思的研究对象所规定,马克思并没有具体研究关于生产劳动的一般含义。但是他曾不止一次明确讲到过,如果撇开狭隘的资本主义形式,财富就是对人类需要的满足。这实际上就已经给出了关于创造财富的劳动——生产劳动的最一般、最普遍的规定"。而本书对生产劳动一般的定义就是引用王晓鲁的观点。参见王晓鲁:《第三产业与生产劳动》,四川人民出版社1986年版,第30、47页。

② 《马克思恩格斯全集》第46卷下册,人民出版社1980年版,第21页。

产的"①。而恰是在共同劳动中,服务劳动生产性一面得到最为突出的体现。这种共同劳动在资本主义生产方式下被大规模纳入到人类的基本利益体系中,从而决定了服务劳动所体现的利益越来越具有重要的意义。

三、服务劳动发展过程中经济利益的历史变迁

与需要、分工一样,劳动同样是历史过程中的劳动。对此,马克思指出:"劳动这个例子令人信服地表明,哪怕是最抽象的范畴,虽然正是由于它们的抽象而适用于一切时代,但是就这个抽象的规定性本身来说,同样是历史条件的产物,而且只有对于这些条件并在这些条件之内才具有充分的适用性。"② 因此,探索服务劳动发展过程中的利益,也应从历史的线索中寻找其变迁的痕迹。

追溯服务劳动的历史,可溯至人类发展初期的自然分工。恩格斯在《家庭、私有制和国家的起源》中指出:"分工是纯粹自然产生的;它只存在于两性之间。男子作战、打猎、捕鱼,获取食物的原料,并制作为此所必需的工具。妇女管家,制备衣食、做饭、纺织、缝纫。"③ 可见,早期的服务劳动是生产力水平极为低下情况下在性别基础上的分工,表现为自然需要和必要的生存需要,因而是一种内容极为简单且尚未开化发展的自我服务的劳动形式。虽然这种劳动形式所体现的利益尤为微弱,但却是与人类共同利益完全一致而且直接本真的利益。

随着社会生产的发展,人类历史历经三次大的社会分工。在这三次分工中,服务的多样化形式开始展开,如"从事社会的公共事务——劳动管理、国家事务、法律事务、艺术科学等等",也"总是必然有一个脱离实际劳动的特殊阶级来从事这些事务;而且这个阶级为了它自己的利益,从来不会错过机会把越来越沉重的劳动负担加到劳动群众的肩上"④。至于第三次社会

---

① 《马克思恩格斯全集》第46卷下册,人民出版社1980年版,第212页。
② 《马克思恩格斯选集》第2卷,人民出版社1995年版,第23页。
③ 《马克思恩格斯选集》第4卷,人民出版社1995年版,第159页。
④ 恩格斯:《反杜林论》,人民出版社1999年版,第189页。

大分工出现的商业以及与之相伴而行的其他服务行业，如运输业、旅店业、饮食业等则标志着服务业作为一种独立产业运动的开始。① 上述多样化服务的产生是生产力发展的必然，或称是生产、生活的需要，是人们追求利益的自然结果，且都表现为非物质需要条件下的非物质利益，但是仔细研究却发现，各种形式之间存在显著差异。公共事务的服务反映出统治阶级的利益、奢侈利益，而且是非经济需要下的非经济利益；而商业及其他服务行业所体现的利益则是处于物质利益包围中的经济利益，是脱离自我服务、加入到简单商品经济中的利益。从整体上看，利益主体多元化，利益关系也得到扩展，基本上被划分为对抗型的垂直利益关系和一般性的水平利益关系。而后者由于自然经济的绝对统治不可能成为有着重要影响的利益关系，也就决定了其利益主体在社会关系中的地位。至于利益的客体内容，则受着时间经济规律的支配，为物质利益所笼罩，因此能够领略到的更多的是利益的关系而非利益的内容。

这种情况直到资本主义阶段才大为改观。虽然这一社会形态依然是阶级对立存在的社会，但是经济利益关系却发生了重大变化和发展。由此，在基本阶级关系基础上，经济发展所容纳的阶层、所拓展的市场、所产生的广泛而深远的社会分工、协作与联系，开创了经济利益关系前所未有的发展空间，非物质利益在经济利益体系中的地位才可能发生根本变化。

首先，与前资本主义时代相比，资本主义生产方式下，不论劳动及其结果的外在形式如何，它的存在只遵从于这种生产方式至高无上的目的，由此才有可能打破物质利益关系对于其他经济利益关系的笼罩，将这些被束缚的关系解脱出来，共同加入到创造资本主义财富的活动中。从而随着社会经济的进步，奢侈需要逐步转化为基本需要，个体需要也发展成为共同需要，从前一些带着阶级压迫的非物质利益关系摆脱了阶级利益的樊篱，成为人类的共同需要与共同利益。

其次，在资本主义生产方式中，适应生产的目的，新形式的服务劳动、服务行业以及由此形成的新的非物质利益关系泉涌般地出现。它们的产生途

---

① 参见白仲尧：《服务经济论》，东方出版社1991年版，第29页。

径包括由于生产和生活需要而从物质生产和物质利益关系中逐步分化出来的,以及由于需要而以全新面貌出现的。由此丰富了非物质利益群体,使得利益诉求多样化,在推动经济利益关系变迁方面发挥着越来越重要的作用。与此同时,非物质利益关系的生产性质也在逐步扩大,与物质利益关系的生产性界限逐渐模糊起来。因此整体经济利益关系一方面变得复杂,不能用阶级利益关系去简单说明,另一方面各种利益关系的联系更加紧密,地位更加平衡。

再次,同前资本主义社会不同,资本主义社会形态下,构成非物质利益基础的"服务",其最大的特征就是脱离了自然经济及小商品生产的阶段,采取了资本主义商品生产的形式,因而利益关系体现为市场经济中的一种交换关系。服务大规模商品化昭示着经济结构的巨大变革,并将服务活动提升到现代产业的高度,由此除了反映特定社会的生产关系外,同时也代表了生产力发展条件下的新的部门利益、产业利益等利益关系。因此,服务业的兴起推动着新的利益主体、利益关系的形成,意味着人类经济利益和利益关系的多元化和复杂化,这种趋势符合利益主体的需要以及生产的发展;经济利益关系的变迁又影响和制约着服务业经济利益的形成和发展,其内涵和特征在具体社会形态下有着具体的表现。

第四节 结 论

在唯物史观的基础上,本章循着历史发展的线索对服务利益的形成进行了考察和分析。而服务利益这一范畴事实上在行文中几乎没有出现过,相反非物质利益以及与之相应的非物质需要、非物质生产以及非生产劳动则较为频繁地出现于分析中。这种情况不仅反映了事物发展的内在阶段性和规定性,而且也符合本书的行文逻辑。

通过分析,我们看到了服务利益形成中各历史阶段的状况,从而避免对其理解和认识局限或僵化于某一具体的社会形态或外在形式中。更为重要的是，书中从三个基本范畴，即需要、分工与劳动出发，对服务利益形成的现实基础和理论元素尝试性地进行了较为全面、深入的探寻。应该说，上述三个基本范畴与利益有着千丝万缕的联系，而三者之间的关系又极其紧密。以这三个范畴为支点，利益就可以被置于其中或其上，并能够从不同的角度、层面对其进行全方位的审视。而本书的中心论题——服务利益，恰恰由于其内在的性质和特征，由于其发展同需要、分工与劳动的天然联系，而将得到自然而深入的阐发，这是本书选取三个基本范畴的重要原因及分析优势所在。

具体而言，人本位世界中，需要以其基础性的意义和地位成为服务利益研究的起点。没有需要，谈不上利益，更不用奢想服务利益。而服务利益的形成及对其进行的研究，出发点就是需要。正是由于需要的历史性、社会性、多样性及无限性才使得服务利益形成成为可能，研究服务利益成为必要。同时，必须指出，需要的社会性、多样性与无限性离不开分工的深化和发展。分工成为利益发生、成长的条件。那些非物质需要与非物质生产的产生就是分工条件下的结果。由此进一步证明了分工同样是非物质利益、服务利益形成的条件这一判断。分工是一切矛盾的根源。这种矛盾不仅在时间上顺次表现为需要、利益的发展，新的需要与利益形式的出现，而且在空间上也引发了需要、利益的延展，不同地域、城乡之间需要与利益的对立与统一，平衡和失衡。然而需要与分工虽显重要，但是真正将利益、服务利益带到现实的人间，并充分展开其应有之义，无论是量的规定，还是质的体现，则要归于劳动。劳动是利益实现的手段。通过劳动，不仅创造了利益的内容，而且形成了利益的关系。依此逻辑，更为确切地说，服务劳动自然是服务利益实现的手段。

从本章的分析中，我们也不难产生这样一种感觉，就是需要、分工和劳动三者之间以及各自与利益的关系似乎重叠着，而历史线索的分析也往往彼此交织。这种感觉的产生事实上就是基本范畴之间逻辑和现实之间紧密联系的反映。只不过将其暂时分离是论证的需要。马克思曾说过："互相交换的商品实际上无非是物化在各种使用价值中的劳动，即以各种方式物化的劳动,实际上只是分工的物质存在,只是不同质的、适合不同体系需要的劳动的物化。"① 这一论述在商品经济的层面将需要、分工与劳动统一起来,对于认识三者之间内在的联系是很有启发意义的。由此其与利益之间关系的联系程度可想而知。

依据历史的观点,从自然经济到商品经济,从原始社会历经奴隶社会和封建社会直到资本主义社会,需要、分工与劳动必然是不断发展的,利益也得到了前所未有的拓展。从物质利益的绝对统治到其他利益,特别是非物质利益的发展,从以直接使用价值为内容的利益到以货币表现的价值和剩余价值为内容的利益,从简单的利益关系到复杂的利益关系,非物质利益在利益的发展变迁中逐渐孕育成长。如果运用体系的思想来思考的话,那么需要体系、分工体系、劳动体系与利益体系之间相互联系、相互作用则构成了一幅不断上升、彼此交织的图景,体系内部则经历由低级向高级、由单一向多样、由松散向紧密发展的过程和趋势。这一思想对于服务利益的专门分析是有益的。

图 2-1 是反映体系之间关系的图示:

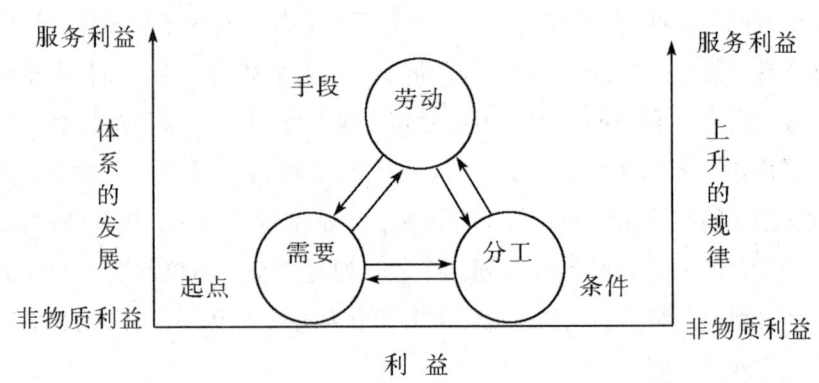

图 2-1 需要、分工、劳动各体系与利益体系之间的关系

---

① 《马克思恩格斯全集》第 46 卷下册,人民出版社 1980 年版,第 465 页。

第三章

服务利益的确立：范畴提出与发展状况

历史考察与理论分析表明，生产方式演进下的需要、分工与劳动都有着拓展深化的趋势，其中重要的特征就表现在其形式多样化上，表现在非物质需要与非物质生产的发展上。由此，人类的利益体系也得以不断完善和发展，非物质利益成为一种重要的利益形式。

然而，自人类进入资本主义，生产力的迅猛提高、商品经济的迅速扩展及至发展到市场经济，大规模分化生成的新的部门与环节史无前例地被卷入到资本主义生产方式中，从而使得人类的财富观念在颠覆中迎来财富的急剧膨胀，消费结构和生产结构发生了重大变化，区域及世界市场和贸易也发展得如火如荼。这种状况只要瞥一眼服务业、服务消费比例的大幅提升及服务贸易的兴起，就不难心领神会，从而意味着一向被忽视的非物质利益正步入更高的发展阶段。

仔细分析会发现，这并非一个一般的发展阶段，而是飞跃式的跨越。由此在事物充分发展的地方，新的范畴与逻辑应运而生以帮助人们理解和把握新的现实。服务利益范畴的提出就有着承担这项任务的责任。本章的分析将围绕服务利益范畴本身展开，并进一步分析发达国家与中国的发展状况。我们的分析不仅要剖析范畴，同时在面对现实中澄清一些认识，这不仅是前述章节的自然发展，也是后续章节分析的条件。

第一节　服务利益是非物质利益发展的飞跃

我们知道，利益范畴本身包含着生产力和生产关系的双重维度。利益不仅体现于生产的结果，还贯穿于生产的整个过程。作为一个体现生产方式的独立实体范畴，人们对利益的认识会因具体的社会历史情况而有不同的侧重。在生产关系急剧变革时期，利益的关系层面凸显出来；而在生产关系稳定发展时期，利益的生产力层面显得更为重要。非物质利益在人类漫长的历史过程中，始终处于物质利益的包围束缚中，并且二者长期处于对抗的状态。而就非物质利益内部而言，很大一部分不是以经济利益形式，而是以阶级利益的形式出现。相对于人类的基本需要、共同利益，我们所能看到的非物质利益是一种主要从利益内容来审视的边缘利益。而资本主义生产方式的建立，则为打破这种状况及服务利益范畴的提出提供了条件。

一、对服务利益内涵的初步探讨

揭示服务利益的内涵与本质并非一件容易的事情。我们对于服务利益的认识既然建立在范畴发展的历史基础上，也就很难用一句话来说明全部，何况这种认识又需要多角度、多层面地阐发，才可能较为全面深刻。然而行文需要又要求我们必须给出一个对服务利益较为确定的理解。那么，具体来讲，服务利益是指在服务经济社会中，不同利益主体从服务及与服务相关的经济活动中所获得的对自身生产、生活基本需要及发展需要的满足以及由此结成的各种经济关系。形成上述理解主要基于以下几点认识：

第一，服务利益属于利益的一种形式，因而同样具备利益的属性和特征。

作为利益体系中的一种利益形式，对服务利益的理解从认识逻辑上也不能偏离利益的属性与特征。因此，与利益的一般规定一致，服务利益同样包含着生产力与生产关系的双重层面，自然属性与社会属性的双重属性、客体性、主体性、过程性、时间性和空间性的五层含义以及"利"与"害"的双向表达。而在上述对服务利益范畴的规定中,主要从利益的双重层面着眼,特别对其满足的需要做了说明,突出了利益的发展性和开放性。最大程度避免了对服务利益单向、片面的理解,为多角度地深入分析打下了良好的范畴基础。

第二,服务利益属于一种经济利益,因而是经济活动中形成和发展的利益。

更确切地说,服务利益是利益体系中经济利益的一种形式。而经济利益是与经济需要,即与社会生产过程、社会经济活动过程直接联系的需要相适应的。历史考察表明,人类历史上服务利益在非物质利益发展阶段除了一部分是由经济需要所引发而形成经济利益外,大部分并没有以经济形式表现出来,表现为经济利益的是大多数的物质需要。因此经济利益与物质利益二者被等同起来,并认为经济利益是进行社会活动的物质动因,是推动生产力发展的根本动力,是社会经济关系的生动表现。① 而服务利益的确立则表明,非物质利益不仅越来越多地加入到经济活动中,从而表现为经济利益,而且也难以容纳对现实经济现象的全部解释力。我们的分析试图证明,作为人类经济利益中现时和将来重要的利益形式,服务利益与物质利益一样发挥着的重要而不可替代的作用。

第三,服务利益孕育于非物质利益,兴起于发达资本主义国家,彰显于服务经济时代。

马克思曾指出:"对任何种类劳动的同样看待,以各种实在劳动组成的十分发达的总体为前提,在这些劳动中,任何一种劳动都不再是支配一切的劳动。最一般的抽象总只是产生在最丰富的具体发展的地方,在那里,一种东西为许多东西所共有,为一切所共有。这样一来,它就不再只是在特殊形式上才能加以思考了。"② 依据这一思想,我们反观服务劳动与服务利益,

---

① 参见李炳炎:《需要价值论——富国裕民论》,云南人民出版社1990年版,第141—142页。
② 《马克思恩格斯全集》第46卷上册,人民出版社1979年版,第42页。

就能更容易理解，只是在服务经济社会中，服务劳动才有可能脱离物质生产劳动的完全束缚，服务利益才有可能超越非物质利益的局限。"这个十分简单的范畴，在历史上只有在最发达的社会状态下才表现出它的充分力量。"①这种力量正是人类思维认识和现实发展所需要的力量。

第四，服务利益中的利益主体更加突出，利益关系更为紧密直接。

服务价值论的提出显然从一个方面证明了服务利益的存在。而价值特别是交换价值虽然也反映了人与人之间、个人与社会之间的关系，但是这种关系却是对象化的关系。人，这个重要的利益主体事实上被淹没在了价值范畴中。此外，如果承认价值范畴的历史性，那么服务价值论也必然将在完成其历史使命之后走入历史。② 这就提示我们，人本位世界中，人，这个一切活动、一切范畴存在的基础和灵魂，必将被真正置于历史发展的前台。突显利益主体，自然应该成为研究、感知这个世界的重要视角。

进一步来看，作为运动形态使用价值的服务，不像实物一样可贮存、可累积，其生产与消费具有同时性，由此使得二者之间的联系更加紧密，生产更依赖于消费，更需要以消费作为前提，利益主体的地位也变得更为突出，利益关系更为直接紧密。③ 可见，与服务价值相比，服务利益不仅关注利益的客体，而且更加突出利益主体的地位，是在新的视野、新的高度愈加全面的审视。

二、服务利益与其他利益形式的联系和区别

上述对服务利益的剖析只是揭示了范畴自身的基本规定。而要全面深入理解范畴的本质、意义和作用，这样的基本规定是远远不够的。我们知道，无论是需要、分工、劳动这三大体系还是利益体系，都是开放发展的，体系

---

① 《马克思恩格斯选集》第 2 卷，人民出版社 1995 年版，第 21 页。
② 赵磊教授对于劳动价值论的历史性问题作了详细的论述。参见赵磊：《劳动价值论的历史使命》，载《学术月刊》，2005 年第 4 期。
③ 科技的发展似乎突破了生产与消费同时性的限制。但仔细分析我们发现，此时的服务已并非运动形态上的服务的含义，而是以实物形式贮存起来或是机械化提供的服务。关于这一点，本书将会有更深入地分析。

内部各组成部分既有联系也有区别。就利益体系而言，揭示服务利益与其他利益形式的联系和区别，对于认识服务利益是有益处的。

服务利益与其他利益形式的最大联系莫过于同属于利益体系的组成部分，因此也就具备利益的一般性质和特征。但这并非问题的关键。我们在分析服务利益的形成中发现，事实上服务利益与非物质利益、物质利益、阶级利益、政治利益等有着紧密的联系，当然区别也是明显的。这种情况不仅体现在上述各种利益上，还包括工业、农业、服务业产业利益，国家、部门、地方、企业、个人以及群体利益上。

我们之所以把服务利益视作非物质利益发展的飞跃，其一在于两者的联系上。没有联系，没有基础，谈不上飞跃。这也是"服务利益孕育于非物质利益"以及"非物质利益是服务利益的形成阶段"这些判断和认识的集中要义；其二就在于两者的区别上。没有区别，当然也谈不上飞跃。服务利益虽然在非物质利益中孕育，但它已经能够脱离母体，以重要的经济利益的形式出现。这看似范畴的缩小实则是新的范畴的壮大。事实上，物质利益与非物质利益的划分是与物质需要与非物质需要的划分相对应的。这种划分方法是基于需要与利益客体的外在形式作出的，因此所突出的是利益的生产力层面的含义，对于需要与利益主体的反映不够。并且划分采用的是对立二分法，虽然在认识事物上能够发挥重要的作用，但也可能引致僵化、对立的思维惯式，不利于辩证转化、相辅相成认识的形成。如人类历史很长时期中，物质利益与非物质利益的对抗就容易导致对非物质利益发展的排斥。而服务利益的提出，则是从新的视角，在服务利益与物质利益构成的突显利益主体的"人化世界"的利益体系中重新审视其与物质利益的关系，因而也在最大程度上克服了非物质利益难以直接反映人类生存和发展状态以及不同利益主体对各种利益形式追求的弱点，将人类对自身利益的认识推向了一个更加自觉、更高的发展阶段，也使范畴具有了更大的包容性和解释力。这一点恐怕就是"飞跃"的最为重要的含义。当然，此后对服务利益的分析将逐步加深我们对于服务利益与非物质利益二者之间关系的认识。

我们来看服务利益与农业、工业产业利益及服务业经济利益的联系和区别。虽然服务利益的确立是服务经济社会的现象，是普遍建立在服务业、服务贸易及服务化迅猛发展的基础上，建立在农业特别是工业处于高级发达阶段的基础上，但是依然需要将其与服务业经济利益以及农业、工业产业利益严格区分开来。原因在于，基于产业形态和标准界定的利益，虽然同样是重要的利益形式，但却受制于自身和现时产业的约束，因而是一种条块式分割的产业部门利益、局部利益、封闭利益和静态利益，由此难以凸显服务经济社会中，服务对整个社会生产、生活以及人的认识的巨大变革，难以反映服务所发挥的功能性作用。当然我们不能因此降低产业部门利益的意义。此后的分析将表明，我们对服务利益的研究恰恰是基于产业部门利益展开的。

前述是从服务利益与其他横向利益的比较入手，而对于纵向利益，如国家、部门、地方、企业、个人以及群体，那么，服务利益则与这些利益主体相结合，反映在不同层次上。这就存在局部利益与整体利益、个别利益与一般利益、特殊利益与共同利益、暂时利益和根本利益的差别和矛盾。可见，除了经济利益中的物质利益外，服务利益范围之广、渗透性之强、复杂性之空前是其他利益形式难与比拟的，而这也正是研究服务利益的意义和难点之所在。

三、服务利益范畴提出的意义

在初步了解服务利益内涵以及与其他利益形式联系与区别的基础上，一个自然的问题是，提出服务利益这一新的范畴究竟具有何等的意义？我们在导论中曾对本书选题意义及创新之处做过说明，这对于理解和回答该问题有一定的帮助，但是还不够系统和深入，因此有必要对其提出的意义再做细致的探讨。总的来看，服务利益范畴提出的意义可以大致归纳为以下三点：

第一，在丰富利益范畴的同时，拓宽了认识的视野和思路。

利益体系本身是一个开放的体系，也就意味着不仅体系的组成部分是发展的，而且还会不断有新的利益形式出现。服务利益的形成和确立则是这个开放体系发展的结果，由此不但深化了利益范畴的内涵，并且丰富了其外延。这从形式上看是一个进展。然而更值得注意的并非仅是形式，还有认识事物的视野和思路,这恐怕是该范畴在认识上所取得的大的进步。

我们不止一次提到,在资本主义生产关系确立之后,对如何增进生产力和财富的研究成为理论和实践的主题。因而西方经济学家逐渐抛弃对生产性问题的思辨,并用大量的更为具体直接的范畴建构自己的理论。而马克思主义经济学以其科学的世界观和方法论为基础,基于批判的性质和目的,牢牢立足于人类利益,并紧紧围绕物质利益,形成了独树一帜的学说体系。这就出现了如下的事实,在西方经济学中看似不言自明的事物却在马克思主义经济学那里有着广阔的批判、分析余地;而在马克思主义经济学中尚未涉足或充分展开的领域却在西方经济学中得到了不同程度的开垦和发挥。其中较有代表性的就是关于服务的研究。

对于服务,是无需质疑其必要性、合理性以及生产性问题,仅从特定的历史阶段出发,认定其存在具有普遍的合理性和有用性,还是将其放之于人类历史发展的高度,从人类的共同需要与共同利益出发,研究其中一般与特殊的矛盾发展?是在"泛服务论"思潮和功利主义的影响下,无需对实物与服务进行界分,还是立足于物质利益,并突破物质利益,来研究人类社会发展中的新现象和新问题?如果确定后者,而且确是本书认同的正确的研究路径,服务利益的提出则显然是必要的。

那么我们再来审视服务利益在认识上有着如何的进步。首先,将对服务的理解建立在人的需要的基础上,建立在分工与劳动的基础上,使需要不仅成为研究的出发点,而且是最终的落脚点,如此使得认识有了根本而深刻的基石和发展空间,使对服务相关问题的论证多了一条更为直接有效的途径,这是服务利益范畴能够体现、容纳和实现的。其次,作为一个独立的范畴,与物质利益一样,服务利益可以成为人们审视现实的分析工具。它在非物质利益和服务业经济利益的基础上发展起来,具备从利益主体进行切入的良好视角,既反映了其无形的一面,彰显了人类基本需要的革命性拓展,又有着现时产业的基础,但并不受制于产业的约束,而随着人类社会的发展不断丰富发展,具有动态性、开放性和功能性的特征。再次,服务利益范畴的提出对于唯物史观中关于物质利益的认识是一个大的发展。突破物质利益的束缚，并依据现实的发展，重新审视物质利益与服务利益的关系，将会使利益空间和人的认识获得新的解放。

第二，在反映现实发展的同时，揭示了现象背后深层次的含义。

服务利益是在服务经济社会中确立的利益形式。它如同其他范畴，如服务、服务业、服务贸易等一样，对现实做出了独特视角的反映，但是其意义远不止于此。从前述章节建立服务利益理论基础过程中可以看到，需要、分工与劳动发展中充满了矛盾。个别需要与社会需要、个体劳动与社会劳动在不断深化的分工中既发展壮大，又加深了彼此之间的某种分离与对立。杜尔克姆曾在《社会分工论》一书中认为，分工的真正作用和价值在于它是连接社会组织的纽带，是社会有机性的粘合剂。[①] 这一思想与西方学者夏尔普（Shelp）和瑞都（Riddle）提出的服务业是黏合剂的思想不谋而合。[②] 可见，由分工产生的服务劳动以及由此形成的服务利益，既是矛盾的结果，又为化解矛盾中的对立提供了可能和途径。在某种意义上，甚至可以将此种利益视作一种黏合利益。它不仅将各种利益联系起来，而且还具有提升的功能。

服务利益范畴的提出也为人们观念的改变打开了一扇大门。人类社会在经历"人的依赖关系"这一大社会形态之后步入"以物的依赖性为基础的人的独立性"阶段。服务化不仅具有推动所依赖"物"的增长和扩大的作用，而且还为人的独立性提供了广阔的发展空间，由此形成建立在物的依赖性和人的独立性基础上的新型利益关系。人们观念的改变在于，要在发展中逐渐

---

① 参见杜尔克姆：《社会分工论》，转引自刘佑成：《社会分工论》，浙江人民出版社 1985 年版，第 10 页。

② 夏尔普（Shelp）指出："农业、采掘业和制造业是经济发展的砖块，而服务则是把它们黏合起来的灰泥。"（Shelp, R., *The Role of Service Technology in Development*, in *Service Industries and Economic Development—Case Studies in Technology Transfer*, NY: Praeger Publishers, 1984, pp1.）瑞都（Riddle）认为："服务业是促进其他部门增长的过程产业。……服务业是经济的黏合剂，是便于一切经济交易的产业，是刺激商品生产的推动力。"（Riddle, D., *Service–Led Growth: The Role of the Service Sector in World Development*, NY: Praeger Publishers, 1986, pp21—28.）对于服务业黏合剂思想的论述，参见程大中：《论服务业在国民经济中的"黏合剂"作用》，载《财贸经济》，2004 年第 2 期。

摆脱物的媒介、控制与束缚，从利益主体的直接关系中审视人的生存与发展状态。而这也正是服务利益区别于物质利益所具有的特殊意义。这种意义或许直到"自由个性"阶段才能彰显无疑。

第三，在指引实践前进的同时，提供了新的目标和方向。

物质利益在唯物史观中的基础地位不仅使人们对世界有了科学的认识，而且也促使人们通过实践来不断追求利益的增长。那么服务利益的提出，同样应使人们意识到，对于该利益的追求不仅有益于物质利益，而且将直接惠及人类自身的需要与发展。关于这一点，我们只要集中考察服务利益在现阶段社会经济中的作用，就不难发现，服务化现象所引发的产业结构的变动以及财富的增长，不仅深刻地改变了人们的生产、生活方式，改变了财富以及创造财富的传统观念，而且也在空间中引发了区域经济生产力的差异性布局，及至延伸到国家与国家之间的分工与合作。当然其中包括产业部门、地区之间以及国家之间利益关系的调整与变化。可见，对利益追求的动力必然会促使人们将服务利益纳入到追求的目标中，能动地将其作为人类实践的重要部分。

不仅如此，服务利益在反映现实的同时，又提供了一定的价值判断或衡量标准，即从人类发展的共同利益、长远利益与特殊利益、近期利益的交织中不断探寻和推进符合历史方向的利益发展。如果我们回顾服务利益形成的历史路径，就能体会到，即使存在特定历史阶段产生的必要性，但就人类发展的总的方向来看，不断扬弃的过程使非物质利益的发展越来越向更广大群体的利益靠拢，越来越向直接有益于人类生产和生活的方向靠拢。因此，服务利益的价值判断和衡量标准就在于与人类共同需要、共同利益以及长远利益的疏离与结合中。这就为追求服务利益的目标提供了大致的发展方向。

到此为止，我们对服务利益的认识就已经不再局限于规范的定义层面，而是逐步向深化服务利益的方向发展。结合现实并依据理论的判断分析，服务利益目前的重要利益所在体现在推动所依赖"物"的增长和扩大，目前的最大利益体现在变革和提升人的消费结构、消费水平和生活方式，而其长远利益则是人的自由、全面发展以及新型利益关系构建本身。

第二节 服务利益在发达国家的发展

在对服务利益范畴进行初步探讨之后，我们将视线转向现时世界，以便结合现实深化对该利益范畴的理解。在第二章的分析中我们已经看到，从人类社会产生之初到资本主义生产方式建立之前，非物质利益的发展极其缓慢。到了资本主义生产方式确立以后，非物质利益的发展空间才有条件和可能大范围拓展，这种情况在资本主义发展到工业化中后期的情形愈加明显。按照西方学者的意见，现今大部分资本主义国家已经步入服务经济社会。而对于发达资本主义国家，服务化现象正在向纵深发展。那么，服务经济社会中的服务利益在这些发达国家的发展又如何呢？我们将在对服务劳动与三次产业划分的基础上，探讨与消费及生产相关的两个统计规律，并进一步揭示服务利益在发达国家兴起的意义。

一、服务劳动的扩展与三次产业的划分

资本主义之前的时代，服务劳动并非停滞不前，只不过囿于低下的生产力水平而随着生产的发展处于缓慢的扩张状态。在人类步入资本主义，特别是资本主义生产方式在工业领域取得绝对统治的地位，并朝着工业化中后期迈进时，以雇佣劳动方式出现的容纳服务劳动的行业与部门迅速扩大，从而使经济结构发生了重大变化，而依据马克思当时所处状况推断物质生产领域的劳动与资本主义生产劳动完全重合的趋势并没有出现。王晓鲁在其《第三产业与生产劳动》一书中绘制了关于资本主义生产劳动和物质生产劳动关系演变的示意图，形象地指出目前资本主义国家的现状。其中，资本主义雇佣性质的非物质生产部分以及既非资本主义雇佣，又非物质生产的部分占了相当的比例。可见，理论上的推断终究要接受现实的检验，而服务劳动的扩展

则成为理论要面对的最大的现实。①

那么,资本主义国家中的服务劳动又是如何扩展的呢? 当然建立在一定生产力水平基础上的需要与分工是非常重要的促进因素,加之一定生产关系形成的制度推动力,为服务劳动的扩展创造了主要而且关键的条件。我们的分析首先从资本主义生产方式的内在要求谈起。

在资本主义生产方式下,资本家是生产的主体,"成为商品是它的产品的占统治地位的、决定的性质",而"剩余价值的生产是生产的直接目的和决定动机"。② 从生产的技术条件看,机器大工业是其典型、成熟的发展阶段;从生产的社会条件考察,这种生产方式逐步表现为广泛而普遍的商品交换关系和市场化的生产要素的配置方式。③ 由此,"资本的生产一方面力图发展和提高生产力的强度,一方面又追求劳动部门的无限多样化。"④ 原属自我服务的劳动越来越多地以商品的形式加入到社会化的行列中,而众多新的服务劳动形式在追求剩余价值的动因和过程中被全新地创造出来。这种状况不仅表现在家庭生活消费与社会生活消费中服务劳动的商品化和社会化,如住宿和餐饮服务、居民服务、文化、体育和娱乐服务等,尤其表现在围绕生产与经济发展的服务劳动的独立化和功能的强化,如交通运输、仓储和邮政服务、批发和零售服务、金融服务、房地产服务、租赁和商业服务、信息传输、计算机和软件服务、科技服务等。而资本主义的企业内部分工在服务劳动独立化方面发挥了极其重要的作用,并将这种"独立"融入到更加紧密的整体生产职能中。对此,马克思说:"为了从事生产劳动,现在不一定要

---

① 王晓鲁在其图示中划分出四大部分,用以说明资本主义国家生产的现状,包括资本主义生产同物质生产相重合的部分、非资本主义雇佣的物质生产部分、资本主义雇佣性质的非物质生产部分以及既非资本主义雇佣,又非物质生产的部分。参见王晓鲁:《第三产业与生产劳动》,四川人民出版社1986年版,第89页。
② 这是马克思谈到的资本主义一开始就有的两个特征。参见《马克思恩格斯全集》第25卷,人民出版社1974年版,第994—996页。
③ 于金富在《马克思对资本主义生产方式的典型分析——马克思的生产方式理论研究之二》中把马克思对资本主义生产方式基本特征的全面分析归纳为四点,本书认同并引用了他的归纳,该文载《当代经济研究》,1999年第4期。
④ 《马克思恩格斯全集》第47卷,人民出版社1979年版,第555页。

亲自动手；只要成为总体工人的一个器官，完成他所属的某一种职能就够了。"① 显然"总体工人"的思想意味着服务劳动虽然是局部劳动，但是却已成为"发展各种劳动即各种生产的一个不断扩大和日益丰富的体系"中不可分割的组成部分②，这也就意味着服务劳动的发展空间被必然而且确定性地拓展了。

与此同时，资本主义国家政府的社会职能在二战之后也得到了或多或少的加强。这种加强是在服务劳动越来越成为生产劳动体系的组成部分，成为满足人类基本需要的重要手段，同时在庞大市场经济失灵、政府又不得不肩负起调和社会矛盾、维护社会稳定、调控发展经济、完善保障、增强福利等任务的条件下实现的。诸如卫生、社会保障和社会福利服务、公共管理和社会组织服务、教育服务等等的发展就是明证，从而使许多国家政府职能脱离了单纯维护其阶级统治的需要，成为服务劳动拓展的重要内容。

此外，对资本主义机器大工业施于服务劳动的影响必须给予必要的关注。原因在于，追求剩余价值的内在冲动使资本采用机器，由此随社会经济发展而产生的诸多服务劳动逐步由人过渡到机器来实施和提供。"工人不再是生产过程的主要当事者，而是站在生产过程的旁边。"③ "资本在这里——完全是无意地——使人的劳动，使力量的支出缩减到最低限度。这将有利于解放了的劳动，也是使劳动获得解放的条件。"④ 可见，自然力的充分发挥使许多服务劳动归于消失，虽然在发展中又可能激发出新的服务劳动形式，但是为被"解放"了的人的需要和发展提供服务将成为不可阻挡的趋势。甚至可以设想，当自然力完全取代人力，人与人之间为实现更高层次需要而彼

---

① 《资本论》第 1 卷，人民出版社 1975 年版，第 556 页。
② 《马克思恩格斯全集》第 46 卷上册，人民出版社 1979 年版，第 392 页。
③ 《马克思恩格斯全集》第 46 卷下册，人民出版社 1980 年版，第 218 页。
④ 《马克思恩格斯全集》第 46 卷下册，人民出版社 1980 年版，第 214 页。

此服务将成为生活的核心内容。①

虽然服务劳动的扩展是服务化的结果，但有的学者却认为其实质是信息化，是西方发达国家 20 世纪 80 年代以来生产技术和组织形式发生重大变化而引发的，其特点是对服务的需求不是在商品生产体系外部展开，也就是服务的发展不是由最终需求推动，而是由技术进步、分工深化和管理方式变革所引起的对服务的中间需求的扩展所带动，即在商品生产体系内部展开。②仔细分析发现，这种观点所揭示的正是服务化现象中的与信息化最紧密相关的生产性服务劳动的快速发展，虽然在抓住重点的同时没有适当地反映全部，但是却说明了服务劳动发展的不平衡性以及形成的重要原因，对于深化本书的认识和分析是有益的。

到现在为止，我们对资本主义生产方式中服务劳动的拓展有了一个大致的了解。当然还有许多服务劳动并没有采取该种生产方式，却已经可以从总体上充分说明发达资本主义国家服务劳动的发展状况，从而为服务利益的外延勾勒出基本的范围和轮廓。但是，仅从服务劳动的拓展进行的考察还不够，还必须运用产业经济的观点予以分析和提升，才能在更高层次把握各种、各类劳动所体现利益的关系。关于这一点，我们将在第四章进行专门分析。此处，仅对三次产业的分类做一简要的说明。

导论中我们曾提及第三产业概念出现的问题。事实上，产业分类的基础首先在于产业本身的形成和发展的规模及地位，因此会随着经济的发展而变化，同时分类还受人们认识标准的直接影响。而三次产业是目前被广泛接受并有着统计实践支撑的划分方法，但是统计口径却有差异。可作参考的包括联合国制定的国家标准产业分类（ISIC）和北美产业分类体系（NAICS）。这两种产业分类均是以三次产业发展阶段理论作为划分依据的，即人类经济发

---

① 《重庆晚报》2007 年 8 月 29 日第 014 版转发了题为《全自动餐厅被讽"喂猪系统"》的报道，内容是世界首家无服务员餐厅德国开张，点菜上菜全部机械化。餐厅老板认为这样可以省下数十亿欧元的雇员开支。虽然自动化引发了人们的诟病，但是却生动地说明了部分服务劳动为机器所取代的前景。

② 参见黄少军：《服务业与经济增长》，经济科学出版社 2000 年版，第 5—10 页。

展经历了第一产业为主到第二产业和第三产业相继为主的过程,更确切地说,即从农业为主发展到工业为主再到服务业为主。① 而各种服务劳动则形成了服务业的基础。

二、恩格尔定律以及配第一克拉克定律利益视角的再思考

服务业的形成和发展是服务利益产业形态的表现。在揭示与消费和产业变动有关的研究中有两个颇为有名的统计规律,即恩格尔定律和配第一克拉克定律。大凡要说明经济发展所带来的消费结构和产业结构变动趋势时,几乎言必引用上述两个定律。但是这两个定律本身仅仅是基于一定统计资料进行归纳的结果,是对经济现象的一种描述,并非充分的理论证明,因而其准确性和普遍适用性也就不可避免地引起人们的质疑。本书之所以将这两个定律作为探讨的对象,目的在于从利益的视角对定律进行重新思考,从而为理解服务利益在现实消费与生产方面的表现和作用做好铺垫。

首先来看恩格尔定律。该定律指出,食物在总支出中所占比重与家庭收入(或衡量家庭总资源的某种其他尺度)成反比。换言之,一个家庭收入越少,其总支出中用来购买食物的费用所占比重越大。虽然这一结论不仅在截面数据,而且在时间序列数据中常常被证明是正确的,但却有赖于许多不变的假定条件和因素,而且特别适用于食物。② 这一经验性规律事实上是建立在人类需要发展基础上,有的学者认为马斯洛的需要层次理论为其提供了理论基础,同时又认为这种心理学上的规律是不充分的。③ 那么马克思主义经济学的需要理论与利益理论显然可以为其结论提供强有力的理论支撑。

依据需要这一开放体系不断上升的规律,我们就可以断定,食物固然基本,而且在需要体系中始终处于基础的地位,但绝不是需要的全部。它将成

---

① 关于两大分类体系的介绍及比较可参见黄少军:《服务业与经济增长》,经济科学出版社2000年版,第157—164页。
② 恩格尔定律是由19世纪德国统计学家恩格尔发现的一个规律。对于该定律的详细介绍可参见《新帕尔格雷夫经济学大辞典》第二卷,经济科学出版社1996年版,第154页。
③ 参见黄少军:《服务业与经济增长》,经济科学出版社2000年版,第19页。

为无限多样需要的一部分，也即从内容上看，利益的全面性绝不应限于单一的尚未脱离生物界的纯粹的生存需要构成的原初利益。只不过在商品经济高度发达的资本主义，需要的实现更加强化为需求，即包含着实现能力，也就是具有货币利益的需要。由此便出现了消费能力、货币利益约束下的需要的一种规律性变化，表现为需要的结构变化，物质利益向非物质利益、服务利益发展。因此，从这个层面看，恩格尔定律并非如何的重大发现，仅是从统计实证上再现、印证了需要与利益的发展规律。

此外，该定律从微观入手进行考察，表面上可以由家庭的总和推及社会，从而将结论放大，但这种放大却失却了社会关系、利益关系的基础。显然，单个家庭的货币利益在整个社会看来，绝不是简单的加总。社会利益关系对货币利益的形成和分布有着决定性的影响，从而决定着需要实现的水平和层次。可见，从利益视角看，恩格尔定律也仅仅反映了不具利益关系的局部利益的发展，并且会随着货币利益和需要内容的变化而出现波动性变化，并非直线式全面实现展开的。

而该定律在给人们提供一个可以方便地直接依据、引用的结论之外，最大的贡献莫过于为配第—克拉克定律提供了"定律支持"。恩格尔认为自己发现的规律对经济发展具有深远影响，其意义在于：从该定律中可以找到农业在总生产中比重下降，相对于其他经济部门将会萎缩，并且人口将从农村流向城市的线索。这就成为"劳动人口由农业移到制造业，再从制造业移向商业和服务业"这一定律，也即配第—克拉克定律的基础和先声。[1]

事实上，作为三次产业发展阶段理论核心表述的配第—克拉克定律同样有许多值得商榷的地方，诸如由于对于服务理解的不同，从而造成统计资料的差异，并将直接影响对产业结构变化规律的认识，以及第三产业是否是"第三次产业"，产业变化是否应遵循上述定律，服务化是否能完全反映经济

---

[1] M. A. Colin Clark, *The Conditions of Economic Progress*, Macmillan & Co. Ltd, 1951, pp395.

发展水平等等问题。① 从中不难发现，一方面为了研究实践，人们试图在纷繁复杂、不断变化的经济现象中找到清晰、确定的界限；而另一方面，由于理论研究的薄弱以及理论和实践的距离而感到分外迷惑。但是，如果换一个角度，那么这种努力中的困惑是否本来预示着变革的来临，要求思维既要跟上实践，又不要拘泥于研究实践而又要超越实践呢？

马克思在《资本论》第一卷曾提到，根据 1861 年的人口调查，英格兰和威尔士总共被雇用的仆役达 120 多万人，这要比当时在纺织业、金属业加起来的人员还要多。② 可见，如果考虑仆役阶层服务的话，那么，第三产业要优先于第二产业。但是马克思并没有将这种服务置于考察的范围，其中一条重要的原因是该服务形式尚未被纳入资本主义生产方式中，没有成为资本主义生产劳动，当然更不反映人类的共同需要与共同利益。由此可以进一步推知，配第—克拉克定律出现的时代是资本主义生产方式重大发展的时代，它是在资本主义形态下劳动充分展开，愈加向一般生产劳动靠拢的情况下提出的。他本人当然没有进行充分的历史考究，而是无意识地站在自己所处的历史阶段上进行了由统计现象到理论归纳的工作。其实也就意味着这一定律阐明的产业结构变迁所反映的利益关系变化是特殊中的一般。所谓的一般，也就是人类由物质利益发展到服务利益的整个趋势。

那么，现在再来看统计中的纷繁，完全可以领会到这是一个需要体系、利益体系重大发展的现象反映，无论服务利益的生长点产生于何处。至于由于"生长点"代表的生产力所决定的利益高度有何不同，都不应对整体利益关系的结构性变化产生根本性否定。关于这一点，本书将在下一章继续展开深入论述。

如此看来，恩格尔定律和配第—克拉克定律所提出的趋势与"预见"，是从消费到生产，为人类利益变化做了一个统计学意义上的规律式的注解，是人类对利益的追求在资本主义发展阶段的反映。到了"服务经济"社会已

---

① 对于这些商榷的提出参见黄少军：《服务业与经济增长》，经济科学出版社 2000 年版，第 24—26 页。
② 《资本论》第 1 卷，人民出版社 1975 年版，第 489 页。

经来临的判断被普遍认知,这两个定律则更为人们所熟悉了。

三、服务利益在发达国家兴起意味着什么

马克思和恩格斯在《共产党宣言》中指出:"资产阶级在它的不到一百年的阶级统治中所创造的生产力,比过去一切世代创造的全部生产力还要多,还要大。"① 而服务劳动及以产业形态存在的服务业在资本主义国家,或者说发达国家的发展,以及由此确立服务利益的地位首先应归于生产力的巨大进步和不断提升。那么,这种确立与兴起又意味着什么呢?

第一,它意味着对服务已经形成广泛而稳定的利益供求关系。

服务劳动以其运动形态的使用价值,并采取商品的形式大规模地被置于资本主义生产方式下,既是这种生产方式本身的要求,又反映出其中利益供求关系的发展。我们知道,在人类发展的漫长时期里,服务要么以强制的形式提供(假如我们不是从阶级统治的角度看待),要么属于少数人的奢侈需要,而真正与一般生活、特别是生产相关的服务也受着生产力水平的制约难以兴起。因此,无论从供给还是需求来看,对服务而言都不具备充分而且等价交换的利益主体,这也使利益关系带有强制性、压迫性,而且仅能在狭小的范围内发展,且对生产、对人类共同利益的促进是极为有限的。只是在资本主义步入服务经济社会,服务被纳入到广大劳动者的基本需要范围之内,纳入到生产、生活所形成的普遍的社会需要之内,并采取社会化、商品化的形式成为市场交换的对象,才可能形成广泛而稳定的供求关系。这种供求关系所代表的服务利益已经不是一种狭隘的利益形式,无数次交换行为不仅使利益的量的形成有了社会化平均机制,也使利益的交换和分配关系愈加成型稳定且紧密。

第二,它意味着资本主义生产方式在利益层面的全面深化。

广泛而稳定的利益供求关系实际上就是生产方式在利益层面深化的表现。但是,还不充分。我们不止一次强调服务劳动的生产性问题,其意义就

---

① 马克思、恩格斯:《共产党宣言》,人民出版社1997年版,第32页。

在于从生产劳动的社会规定性来看，资本主义大有将一切能够带来剩余价值的劳动领域纳入其经营轨道之势，让一切活动都朝着增加剩余价值的目标靠拢，从而使雇佣劳动成为资本主义最一般、最普遍的存在，由此使得资本主义生产关系不是在阶级对抗缓和中被淡化了，而是在生产力的发展中深化了。其一表现在服务利益为剩余利益的获取开辟了新的天地，其二反映出服务利益对于全部剩余利益交换与分配关系所产生的重大影响。其中不仅包括以服务利益为代表的利益群体，其利益诉求和地位的强化，而且包括物质利益在内的整体利益结构的重新融合、调整，以及服务利益本身利益关系从不同方向的层次性建构，都是资本主义生产方式在利益层面全面深化的表现。

第三，它意味着利益的决定因素和分配格局的重大变化。

在人类历史上，服务劳动的提供大多以劳务的形式出现，并不借助自身拥有的劳动资料作用于劳动对象，或者拥有劳动资料，但是依然以体力为主。这就造成利益支配权的丧失或是利益的生产处于低层次发展阶段。马克思指出："生产越是以单纯的体力劳动，以使用肌肉力等等为基础，简言之，越是以单个人的肉体紧张和体力劳动为基础，生产力的增长就越是依赖于单个人的大规模的共同劳动。"① 即生产力的增长需要从共同劳动的结合中产生力量。而在资本主义生产方式下，一方面，资本恰恰"不是同单个劳动，而是同结合的劳动打交道"②，但另一方面，资本主义机器大工业的发展使这种"结合的力量"又表现出多余。由此导致的结果是：其一，拥有先进的劳动资料，并通过其作用于劳动对象，提供服务的主体由此不仅享有利益的支配权，而且由于此时的服务劳动多以脑力为主，因此在利益的分配上也出现了倾斜；其二，虽然由于机器而使"结合的力量"多余，但是超越于这一局部，从更广阔的生产范围甚至全社会来看，结合的力量却显得愈加重要，这种力量的结合又落在了许多服务劳动的身上；其三，"结合的力量"的多余使活劳动无论作为生产者还是消费者在社会生产和生活中都可能重新进行

---

① 《马克思恩格斯全集》第 46 卷下册，人民出版社 1980 年版，第 21 页。
② 《马克思恩格斯全集》第 46 卷下册，人民出版社 1980 年版，第 21 页。

选择，服务的生产和消费必然成为其中重要的内容。可见，决定利益的因素除了生产关系中的所有权，在生产力层面上愈向决定服务利益的因素靠拢，这就是体现在服务劳动中的知识的含量，从而利益的分配格局也将随之发生变化。

第四，它意味着人类朝着新型的利益关系和更全面自由的方向发展。

服务利益的确立是人的需要由基本的生存需要向享受和发展，向更高的要求和水平上升的表现。无论就生产和生活而言，服务的提供也越来越依赖于需要，以需要为前提，越来越向平等、互利的方向发展。这其中所体现的利益关系的变化事实上有着深刻的历史基础。前述中，我们已经看到，分工作为服务利益形成的条件有着极其重要的意义。但是那里的分工其实仅是客体的分工，也就是劳动分工。而马克思、恩格斯第一次明确区分了社会分工的两个不同方面，即劳动本身的分工和劳动者分工，前者将会随着生产的发展愈加细密，而后者以人力的劳动主体为基础，则会由于生产力的发展，逐渐瓦解。① 这种瓦解，不仅由于自然力对于人力的代替，使人获得"解放"，而且这一过程中劳动分工的深化为劳动者分工也提供了广阔的空间。更为重要的是，资本主义追求剩余价值、扩大剩余劳动、剥夺剩余劳动时间既造成了自由时间与剩余劳动时间的对立，又为自由时间的获取开辟了道路，"有利于劳动能力的差别发展，从而有利于劳动方式和谋生方式的分化"②。可见，资本主义服务利益的确立，是剩余利益发展的反映。它包含人类利益朝自身回归的合理颗粒，必将促使人朝着更全面自由的方向发展。

从上述分析中，不难看到服务利益在资本主义确立与兴起的重要意义。我们之所以围绕"资本主义"，针对发达国家展开分析，不仅在于历史唯物主义及历史分析方法的内在要求，资本主义不能回避，况且正是在人类社会发展的这一阶段，服务利益才真正确立起来，而且就人类社会发展的漫长时期而言，这种生产方式依旧不断推动着服务利益向前发展。因此，对于服务

---

① 参见刘佑成：《社会分工论》，浙江人民出版社 1985 年版，第 18 页。
② 《马克思的自由时间理论》一文，载于《当代经济研究》2003 年第 1 期。句中引文出自《马克思恩格斯全集》第 49 卷，人民出版社 1979 年版，第 86 页。

利益兴起于发达资本主义国家应予以充分的肯定。同时我们又必须注意其历史阶段性和局限性，毕竟在这种生产方式下，经济利益仍然受着资本主义利益关系的制约以及资本主义基本矛盾的影响。而且利益的"双向性"在这种存在对抗的生产方式下将被放大，特别是那些符合人类共同利益、长远利益但是由于资本主义生产目的而没有被纳入到生产和社会行动中去的劳动形式，则表明服务利益尚处于发展的初期阶段。

第三节 结 论

在上一章对服务利益形成进行历史考察和理论分析的基础上，本章明确提出了服务利益这一范畴，并对该范畴的内涵、与其他利益形式的联系和区别以及范畴提出的意义作了详细的分析，从而良好而清晰地对范畴进行了界定。我们的分析意在表明，服务利益作为非物质利益发展的飞跃，作为人类利益在新时代的重要形式，它从主体的视角将人的需要的满足和关系的形成与发展置于服务之下，并将二者统一于自身，由此以其独特的内涵和深远的意义成为与物质利益共融共生，甚而更为重要的利益形式。

本章的分析意在形成和深化这样一种认识，即对服务利益的考察，既要从生产力方面，又要从生产关系方面，既要从具体社会形态和利益关系方面，又要从人类利益发展的高度方面进行，如此才能获得较为全面、深刻的结论。到目前为止的研究仅仅为我们的分析奠定了范畴基础和给予了现实支撑，而对于服务利益本身的进一步认识则还需继续展开。

第四章

服务利益的深化：财富效应与结构效应

在对服务利益范畴进行初步界定和分析的基础上，本章将对该范畴进行第一层面的研究，即在财富和经济结构变化的过程中，服务利益究竟有怎样的发展和深化，从而引发了人们的现实观念和生活、生产方式的变革。与此相应，我们又将这种变化和影响称之为服务利益的财富效应和结构效应，从而试图在详细分析的基础上以精简的方式对研究问题作出表述。

之所以选择"财富"与"结构"，不仅因为它们在经济学研究中向来具有的重要地位与意义，更主要的原因是二者与利益的关系极其紧密——人们对财富的追求就是利益追求的生动体现。书中曾提到的需要、分工、劳动以及利益各大体系的观点，事实上也就是结构的观点。[①] 而它们本身就构成多维利益的有机部分，在相互作用与联系中又统一于利益范畴之中。

本章的分析将首先着眼于服务利益与财富创造的关系。在剖析财富效应中服务利益的深化之后，我们将视线转向结构变化中服务利益的深化。由此，在运用范畴分析的同时，进一步加深对范畴的理解和认识。

---

① 王晓鲁在《第三产业与生产劳动》（四川人民出版社1986年版）一书第165页，提出"体系的观点就是结构的观点"的表述。

第一节　服务利益与财富的创造

此前的章节里，在对基本范畴分析的过程中不时可见"财富"二字，但是我们仅将其作为一种概念性的表达，没有深究其意。然而，对财富的理解及不同历史发展阶段财富创造的表现与深化对利益的认识是必要的。因为在财富的历史辩证法里，反映着人类追求利益以及利益不断上升发展的规律；而在利益体系的拓展变动中，催生出人本位世界无限多样的财富。服务利益与财富创造就是在这种关系中得以不断强化。

一、对财富实质的考辨

财富是什么？不同的应答者基于不同学科、角度会给出差异性的答案。但是从经济视角直至沿此路线上升到人类发展的高度，马克思主义经济学作出了自己的回答。马克思指出："历史地自行产生的需要即是由生产本身产生的需要。社会需要即从社会生产和交换中产生的需要越是成为必要的，现实财富的发展程度便越高。财富从物质上来看只是需要的多样性。"① 这一论述，将需要与财富的内在逻辑联系起来，表现为需要的满足和多样化恰是财富实现和内涵丰富的过程。更重要的是，它揭示了财富的原初意义，即对人来说它所具有的使用价值。这里包含着两层含义：其一是财富的客体指向，指的就是财富的内容以及外在形式，而"不论财富的社会形式如何，使用价值总是构成财富的物质内容"②。其二是财富的主体指向，"财富的本质就在于财富的主体存在。"③ 由此，我们可以将需要、财富还原到人类的

---

① 《马克思恩格斯全集》第 46 卷下册，北京，人民出版社 1980 年版，第 19 页。
② 《资本论》第 1 卷，人民出版社 1975 年版，第 48 页。
③ 马克思：《1844 年经济学哲学手稿》，人民出版社 2000 年版，第 76 页。

"第一个历史活动"。在那里，财富的真正意义无所遮蔽地呈现出来。①

但是，财富的历史形式使人们常常迷离于到底应该如何看待财富——是从人的需要着眼，从而更重视为人的使用价值的创造，还是从外在的物的本身出发，间接地反映人的需要的发展。换言之，就是如何看待财富从使用价值向商品和价值的发展。在马克思主义经济学看来，财富的客体层面与主体层面的对立与统一是历史发展的逻辑和必然，但对立并非最终的归宿。马克思指出："古代的观点和现代世界相比，就显得崇高得多。根据古代的观点，人，不管是处在怎样狭隘的民族的、宗教的、政治的规定上，毕竟始终表现为生产的目的；在现代世界，生产表现为人的目的，而财富则表现为生产的目的。事实上，如果抛掉狭隘的资产阶级形式，那么，财富岂不正是在普遍交换中造成的个人的需要、才能、享用、生产力等等的普遍性吗？财富岂不正是人对自然力——既是通常所谓的'自然力'，又是人本身的自然力——统治的充分发展吗？财富岂不正是人的创造天赋的绝对发挥吗？"② 可见，从以使用价值作为生产直接目的的自然经济社会发展到以价值及剩余价值生产为目的的资本主义，人本身服从于物的生产，而物却上升为统治人的异己力量。③ 这种财富观念的异化在显示其必然性的同时，又启示我们，对于财富的理解要回归到人的需要的终点上，回归到人的本质与人的发展上。此外同对需要、生产劳动及利益的理解一样，要在一般与特殊中寻到其发展的历史线索与方向。那么，满足全人类生存、发展和享用的共同需要的使用价值构成的一般意义的人类财富、生产一般人类财富的生产劳动的一般以及由此形成的利益的一般就取得了历史发展的一致性，而特定社会形态下它们的表现则必然受制于一般的约束。这就需要我们在研究特定社会形态下的财富时，不能无视一般层

---

① 马克思言道："财富的材料，不论是主体的，如劳动，还是客体的，如满足自然需要或立是需要的对象，对于一切生产时代来说最初表现为共同的东西。因此，这种材料最初表现为单纯的前提。"参见《马克思恩格斯全集》第 46 卷下册，人民出版社 1980 年版，第 383 页。
② 《马克思恩格斯全集》第 46 卷上册，人民出版社 1979 年版，第 486 页。
③ 王晓鲁：《第三产业与生产劳动》，四川人民出版社 1986 年版，第 46 页。

次的分析。

二、经济利益与财富创造的关系

导论部分在对西方经济学利益理论研究的文献述评中,已经勾勒出利益与财富的关系,确切地说是与货币财富的关系。只不过在斯密那里对利益与财富关系的探讨范围有所扩展,深度有所加深。但是,却依然不能够对财富施以历史的观点。那么,经济利益与财富创造的关系究竟如何呢?

我们知道,利益的基本内容是由生产活动创造出来的人类赖以生存发展的物质生活条件,即满足人需要的使用价值。而这些使用价值在经济生活中又取得了财富的称谓,从而也就意味着财富构成了利益的内容,成为利益追求的目标。只不过仅有财富还不能形成利益,对财富的占有、支配和消费,也即利益主体以及他们之间的关系是财富上升为利益的重要条件。而在人类发展的历史上,财富形式与利益形式紧密相连地在演进过程中发生着变化,现实财富的发展程度反映出利益的发展水平和高度,也就是利益生产力层面发展的状况。毋庸讳言,资本主义形态下使用价值的极大丰富,尤其是商品与货币财富的极大丰富无疑证明了资本主义阶段人类经济利益发展的高度远远超越了前资本主义时代的水平。

此外,财富的主体指向则成为利益与财富天然联系的另外一条纽带。财富与利益只是对人而言才具有意义。相对来看,利益的主体性要比财富更为显明直接,特别是利益的生产关系层面,是财富所不能包容的。因此,从这个意义上,利益是比财富更为基本且包含并高于财富的范畴。不仅如此,通过深入分析,我们发现,从理论上可以区分出一般财富与特定社会形态下的财富,但是对于财富指向的主体更多的却具有整个或具体社会阶段普遍的"人"的概念,并没有按照一定标准进行划分的要求,这与多样化利益群体的区分截然不同。只是我们可以从不同利益主体对财富的占有、分配等关系中看到财富的去向以及利益与财富的联系。

但是,更为彰显利益与财富之间关系的应该在于二者的创造过程。经济利益与财富的创造均表现为实践的过程。经济利益的创造与实现同时也是财富的创造与拓展，而后者表现为"人类使用自己身上的自然力，去作用于自然物质对象，改变自然物质对象的原生性质和形态，形成能满足主体需要的有用性质和使用价值"①。这一过程，事实上就是通过劳动创造利益内容并形成利益关系的过程。可见，在实践与劳动的空间里，经济利益与财富创造是紧密结合并统一在一起的。

而财富的历史辩证法在于，财富的社会形式不仅发生着变化，财富的尺度同样随着社会经济的进步而变化。这种情况既是财富客体存在与主体存在地位的转化，也是利益变迁的表现。有学者将财富的生产分为自然、人类和社会三大过程，并认为劳动在其中均发挥作用。而对于人类及社会过程来说，劳动是财富的唯一人类源泉。这种建立在"价值范畴上的财富论"依然没有脱离一个事实——价值是财富的形式，劳动是财富的源泉。② 但是价值范畴及劳动价值论终究属于历史，那么劳动于财富的重要性就不可能一成不变。③ 马克思说："以劳动时间作为财富的尺度，这表明财富本身是建立在贫困的基础上的。"④ 这种状况在生产力水平低下的情况下尤为明显，劳动时间的长短直接意味着生产财富的多少。延长劳动时间，缩小自由可支配的时间成为增加财富的一种途径。但是随着生产力的提高，作为财富的尺度就不再是劳动时间，而转变为第一生产力的科学技术。⑤ 科技的发展与应用使人类创造财富的时间大大缩短，从而使人们拥有更多的可自由支配的时间，人的实践能力与范围得到极大的提高与扩大，并逐步过渡到以自由时间，即

---

① 刘诗白：《现代财富论》，生活·读书·新知三联书店2005年版，第63页。
② 参见白暴力：《财富劳动与价值——经济学基础理论的重构》，中国经济出版社2003年版，第69—74页。
③ 在第三章中我们曾提到劳动价值论的历史性问题。参见赵磊《劳动价值论的历史使命》，载《学术月刊》，2005年第4期。
④ 《马克思恩格斯全集》第31卷，人民出版社1998年版，第104页。
⑤ 马克思说："直接劳动时间的量，已耗费的劳动量是财富生产的决定因素。但是，随着大工业的发展，现时财富的创造较少地取决于劳动时间和已耗费的劳动量，较多地取决于在劳动时间内所运用的动因的力量，而这种动因自身——它们的巨大效率——又和生产它们所花费的直接劳动时间不成比例，相反地却取决于一般的科学水平和技术进步，或者说取决于科学在生产上的应用。"参见《马克思恩格斯全集》第46卷下册，人民出版社1980年版，第217页。

个性的自由发展为财富尺度的阶段。① 而上述财富三大尺度的演变过程，不仅是财富的主体存在逐渐优先于其客体存在，同时也是利益创造的基础、手段不断飞跃，利益包含的内容不断更迭呈新，利益关系不断调整上升的过程。

我们再将视线聚焦到资本主义，特别是步入后工业化时代的资本主义，科学技术成为财富尺度已成实证。利益的创造达到了前所未有的高度。但是需要特别注意的是，这种生产方式下所催生的财富与经济利益同样放大了财富与利益一般与特殊的偏离，双向利益更具张力。那些能够带来货币财富与货币利益的事物与过程，且无需质疑其存在的暂时性和合理性，都被带到了现实的人间。由此，经济利益与财富创造的关系在局部可能是一致的，但是放眼于整体或者长远，又可能是扭曲甚至相悖的。不仅如此，货币财富的膨胀有可能使经济利益呈现出虚假的繁荣，同时又可能损害着内部利益关系的稳定和谐。这些状况在理解和思考经济利益与财富关系时应该予以格外的重视。

三、财富效应中服务利益的深化

在对财富的实质以及经济利益与财富创造关系进行探讨的基础上，我们再来专门考察财富效应中服务利益的深化。既然服务利益属于利益体系不可分割的组成部分，并且在服务经济时代已成为利益追求的重要目标，那么财富以及财富的创造必然与这种利益形式的深化有着密切的联系。归纳起来，主要表现在以下几个方面：

第一，服务财富的增长。

既然服务属于运动形态的使用价值，那么服务自然也是财富的一种形式。只不过它的性质和特点有别于实体财富，而且在人类历史发展过程中，有着不断向必要需要和一般财富靠拢的趋势。随着以服务业为基础的服务利

---

① 关于财富尺度与人的发展相关方面的探讨可参见刘荣军：《财富、人、历史——马克思财富理论的哲学意蕴与现实意义》，载《学术研究》，2006 年第 9 期。

益的兴起和发展，服务财富将成为人类财富越来越重要的形式。这种趋势，已充分地反映在当今世界经济发展的进程中。

但是在高度发达的商品经济社会里，财富的扩大更主要的是以价值的形式表现出来，而非使用价值。服务利益深化中服务财富的增长也主要表现为货币财富的增长。因此凡是能带来货币财富增值的服务均被纳入到财富创造的行列中，而不论其使用价值的状况如何，如此便大大拓宽了服务财富的外延。然而在具体经济实践中，会涉及到服务产出的计量以及服务价格的问题。前者关系到如何较为准确地测定和反映服务的产出量以及生产率；后者则与使用价值和价值的对比关系密切相连，这两者显然于服务财富量的认识有重要影响。例如由于服务生产过程与消费过程的同一性所导致的服务财富产出界定的困难和不确定性，由于非市场化服务没有价格所造成生产率无法计量，由于服务供求双方信息不对称使得服务市场难以展开价格竞争，以及由于传统服务低劳动生产率使得其具有较高相对价格等等。[1] 这些问题反映出现时代服务利益货币财富的发展和表现有着相当的复杂性，需要同时关注服务的供求主体、使用价值以及价值与价格的关系，才能更深刻了解服务利益深化中财富变化的内在实质和外表形式。但是总体而言，无论如何分割服务财富中供求、使用价值和价值的作用和地位，服务财富的增加是符合生产力进步和人类利益发展趋势的。

第二，物质财富增长中服务利益的贡献。

除了服务本身作为财富的一种形式而使财富总量增长外，服务利益的深化还通过其对物质生产的促进，从而进一步增大财富总量体现出来。这一点清晰地表现在当前生产性服务相对于其他服务优先的比重、地位和状况。这些由于现代社会中企业特有的分工方式和组织模式，由于信息化、知识化的

---

[1] 对于列举的四个问题，前两个的详细论述参见黄少军：《服务业与经济增长》，经济科学出版社2000年版，第167—169页，后两个问题参见李慧中：《市场失灵与成本规制》，载《上海综合经济》，2001年第6期以及《为什么发达国家服务价格高于发展中国家？——兼论服务业的对外直接投资》，载《国际经济评论》，2002年第5—6期。

提升作用而围绕生产进行的服务，诸如金融服务、各种专业服务、信息服务，等等，既以分工的方式和高水平的装备推进物质生产环节的生产率，同时又以"黏合"的方式将各个分工环节紧密地结合在一起，在各种服务外部效应的基础上又产生出巨大的规模效应，从而推动物质财富的大幅度增长。由此也反映出物质利益与服务利益之间的紧密联系的程度。

第三，财富尺度变化中服务利益的深化。

财富尺度随着生产力的发展经历劳动时间、科学技术和自由时间等三个阶段的变化，这既是理论的归纳，又是思维的前行。现实生活中，这种尺度的推移已得到了相继的印证和不同程度的实现。进一步来说，它是体力劳动为主逐渐向脑力劳动发挥关键作用转变，进而使科学技术与劳动者和生产资料更加紧密地渗透结合，表现为知识型劳动和劳动者地位的提高以及生产力累积性倍增。而服务利益所指向的科技服务劳动的发展，不仅是财富尺度变化的反映，反过来又进一步推动财富尺度的转变。特别是以高科技武装的服务劳动加速了财富脱离"贫困"的基础，成为服务利益的重要生长点。由此，一方面为其他形式的服务劳动的产生提供"自由可支配时间"的条件，另一方面，又为被解脱的人们提供享受闲暇、享受服务消费的空间。

第四，财富分配变化中服务利益的深化。

服务利益深化的一个重要表现是服务利益主体的多元化、群体的层级化以及财富在其中的去向和分配。依着财富尺度的变化，我们不难推知财富分配的几个倾向点。针对服务利益，首先科技服务劳动以及以高科技武装的服务劳动应该在财富分配中占据合理的优势地位，其次是围绕"自由时间"的服务劳动可能在财富分配中也占有优势地位。当然财富分配的决定因素和影响因素非常复杂，而以服务劳动为基础的服务利益所涉及的主体范围又非常广泛，这就使得财富在服务利益主体中的去向既有集中，更有分散。分散表现在由于服务涉及经济循环的各个环节，因此基于一定的分配制度将流向各个利益主体；集中则表现在这些多元化的利益主体中，创造财富和分配财富的地位并非是平等的，比如在上一章中所提到的利益阶层的划分，财富的流向除了所有权的决定因素外，集中于这些服务利益的"新贵"们。如此，财富分配变化中服务利益的影响表现在：其一，对于物质利益所指向主体的财富分配权利施加了一定程度的分化的影响；其二，对于服务利益所指向的知识密集型主体的财富分配地位给予了相当程度的提升；其三，使服务利益群体层级化，并表现为财富分配的"金字塔"状态；其四，在拉大财富分配的差距、提高财富分配水平的同时，又整体推进了分配主体的规模和地位。

第五，财富主体存在转向中服务利益的深化。

财富从客体存在向主体存在的发展本身表明了人类社会的发展，人的本质意义的突显以及利益水平的提升，而这恰恰是服务利益发展深化的重要表现。"社会财富观念的这种扩大，反映着一种内在的趋势：人的需要本身，越来越成为人们从事生产时不得不考虑的东西；社会财富的内容，越来越在更大程度上受着人类财富一般的制约。"① 从这一点来看，服务财富地位的加强意味着对人的需要的拓展，对人的需要的重视，并将这种需要纳入到更多数人的需要的范围内，将这种重视提升到直接以人作为考虑的目标和出发点，从而使财富的主体存在不再完全被束缚到财富客体的追求中。加之财富尺度向自由时间的发展，我们不难理解，利益主体意识的突出也正是服务利益不断深化的结果。

第二节　消费结构变化中服务利益的深化

既然财富是需要的多样性，其本质在于主体存在，那么对主体而言，现实的财富就应表现为对多样性需要的满足，这一过程既是消费的过程，同时也是利益实现的过程。可见，服务利益深化中的财富效应必然首先对消费产生影响，而消费本身与利益也有着极为密切的关系。本节的分析将在剖析消费与利益关系的基础上，探讨服务经济时代消费中的服务利益，进而深入研究消费结构升级中服务利益的深化。

---

① 王晓鲁：《第三产业与生产劳动》，四川人民出版社1986年版，第86页。

一、消费与利益的关系

经济循环的诸环节中，消费既是一个简单经济过程的起点，又是下一个过程的始点。在这个利益创造与实现的链条中，它占据重要的地位。从理论上割裂并孤立地研究消费，对于理解消费以及消费与利益的关系是不利的，而应将其置于整个经济体系中，并以其他环节的关系角度去考察，才有可能从错综复杂的联系中找到逻辑上的线索。

在《1844年经济学哲学手稿》附录中，收录了马克思对詹姆斯·穆勒《政治经济学原理》一书的摘要，其中包含他对穆勒"论消费"的分析和批判。他认为，私有制下人的生产仅是利己需要的对象化，消费也只是一种利己的占有，这与"作为人的人"从事的生产——"社会生产"，其产品为人所拥有和满足，这样一种人与人之间真正的消费关系是相背离的。事实上的消费关系表现出人与人欺骗和奴役以及人成为产品奴隶的非人关系。而应有的消费关系却是建立在产品的消费作为人的本质的必要组成部分，成为人发展的表现的基础上。[①] 上述观点不仅清晰地表明私有制下，消费在利己的占有中与利益的联系，而且刻画出了人类消费的行进路线，即应沿着人的本质与人的发展这条路线前进，显然这是与人类的共同利益与长远利益密切相关的。

此后在《〈政治经济学批判〉导言》中，马克思又专门论述了生产和消费的关系。他认为，消费与生产是直接同一并相互媒介，没有生产就没有消费，没有消费也就没有生产，两者相互制约、依存、创造，互为手段。[②] 在生产与消费这样一种一体两面的对立统一关系中，我们不难理解消费与利益的关系。首先，生产主体同时也是一定的消费主体，生产方式与关系决定并反映一定的消费方式与关系，也就包含着一定的利益形式和关系。因此，消费方式与关系不过是生产方式与关系以及利益形式与关系的一种反映。其

[①] 参见马克思：《1844年经济学哲学手稿》，人民出版社2000年版，第177—189页。
[②] 参见《马克思恩格斯选集》第2卷，人民出版社1995年版，第8—12页。

次,"消费创造出新的生产的需要,也就是创造出生产的观念上的内在的动机",这种动机显然形成利益主体的利益动机。再次,"产品只是在消费中才成为现实的产品","只是在于它是活动着的主体的对象",因而消费使潜在的悬浮的利益成为具体主体的现实的利益。最后,生产的结构决定消费的结构,消费的结构又反作用于生产的结构,这种结构本质上就是一种利益结构的体现。

而在《资本论》第一卷中,马克思对自己所划分的生产消费与个人消费进行了区别。他认为,这种生产消费与个人消费的区别在于:后者把产品当作活的个人的生活资料来消费,而前者把产品当作劳动即活的个人发挥作用的劳动力的生活资料来消费。因此,个人消费的产物是消费者本身,生产消费的结果是与消费者不同的产品。① 而生产消费归根到底是同个人消费相联系的。可见,消费的过程也是利益主体和客体产生的过程。

从上述分析可以看到,消费与利益的关系是紧密的,且在不同的生产方式和社会经济发展阶段条件下会有不同的表现。这一点不仅在私有制,而且在商品经济中也将反映出来。我们知道,消费使可能性的产品成为现实的产品,使可能性的使用价值转变为需要的现实满足。这种说法,对于并不作为交换对象、不以实现价值为目的的产品而言,更为适合。一旦生产是为了交换,不以个人的消费为目的,那么消费的意义则具有了更多一层的含义。马克思说:"商品价值从商品体跳到金体上……是商品的惊险的跳跃。这个跳跃如果不成功,摔坏的不是商品,但一定是商品所有者。"② 进一步说,没有购买,没有消费,虽然商品不会摔坏,但是相对于生产者的需要,它显然多余、无用,最终生产者的利益会受到损失,进而消费者的利益也会受到损失,更何况商品所有者"被摔坏",使整个商品经济利益关系受到削弱、影响,甚至可能瓦解。因此,商品经济中的消费与利益的关系在"惊险的一跃"中显得更加紧密。

---

① 《资本论》第 1 卷,人民出版社 1975 年版,第 208 页。
② 《资本论》第 1 卷,人民出版社 1975 年版,第 124 页。

但是，这种紧密关系在不同的经济发展水平下存在一定差异。当生产力还较为低下时，发展生产是经济的突出重心，基本消费依然是人们生活的唯一目的。此时的经济处于"供给会自行创造需求"的"卖方市场"阶段，消费则受制于生产能力以及消费能力的约束，而且被仅仅视为劳动力的再生产过程。由此，消费所体现的经济利益以及人的本质利益是被束缚和遮蔽的。当然这种描述是对那些在经济中处于弱势的大多数人来说的。比如，在资本主义形态下，工人的消费地位与能力事实上是被控制和被决定的，所谓的"自行"也是有条件的。为了保证资本主义再生产的顺利进行以及剩余价值最大增殖的目的，"在工人自己所生产的日益增加的并且越来越多地转化为追加资本的剩余产品中，会有较大的份额以支付手段的形式流回到工人手中，使他们能够扩大自己享受的范围，有较多的衣服、家具等消费基金，并且储蓄一小笔货币准备金"①。这是工人最低必要需要和消费不断趋紧后的放松，并没有改变他的消费地位，何况有利于资本集团利益的增长。当然更不可能谈及消费作为一种可以展示人的自我改善和全面发展的手段的重要作用。

一旦生产力水平的跃升将上述状况转化为"需求自行创造供给"的"买方市场"，则出现了另外一番景象。在20世纪20年代，资本主义进入了大众消费时期。美国学者贝尔将其归功于技术革命和社会发明，包括装配线流水式生产、市场的发展以及分期付款购物法的传播等等。②而这种大规模消费的方式起因于经济危机后，资本主义实业家意识到导致经济衰退的重要原因是消费不足，而非生产过剩。因此，通过上述技术革命和社会发明大幅度降低商品的价格，同时提高工人的工资，激发他们的消费热情，如此使广大农民和工人的购买力大大提升，购买群体扩大，其结果是确立了一种更为广泛

---

① 《资本论》第1卷，人民出版社1975年版，第677—678页。
② [美]丹尼尔·贝尔：《资本主义文化矛盾》，生活·读书·新知三联书店1989年版，第113页。

的为人们所接受的中产阶级生活方式,形成了庞大的中产阶级消费群体。①除此之外,又使资本主义生产方式得以更加顺利、更大规模地扩展下去。

上述大众消费方式的建立,虽然是缓和资本主义矛盾的手段,但是它却反映出资本主义生产方式的进一步深化和发展,反映出人类需要由小部分利益集团的奢侈需要、奢侈利益向大多数人的必要需要,向人类共同需要、共同利益发展的必然趋势。这种生产与消费席卷一切的状况,在《共产党宣言》中表述得再明白不过了:"不断扩大产品销路的需要,驱使资产阶级奔走于全球各地。它必须到处落户,到处开发,到处建立联系。资产阶级,由于开拓了世界市场,使一切国家的生产和消费都成为世界性的了。……资产阶级,由于一切生产工具的迅速改进,由于交通的极其便利,把一切民族甚至最野蛮的民族都卷到文明中来了。它的商品的低廉的价格,是它用来摧毁一切万里长城、征服最野蛮人最顽强的仇外心理的重炮。"② 可见,随着生产方式拓展的消费关系,事实上就是利益关系拓展的反映。

然而这种带有客观进步意义的大众消费却发展成为消费主义和享乐主义,不仅成为过度消费、奢侈消费的保护伞,而且导致了"为消费而消费"的异化消费现象,背离了人的本质与人的发展的消费利益路线,从而引发浪费、不可持续发展的诸多恶果。③ 加之消费所起到的社会身份、地位的建构与认同以及对社会分化在生活领域的强化作用,使得利益潜在的冲突加剧,并危害到人类的共同利益和长远利益。毫无疑问,此种被扭曲的消费与利益的关系应该受到批判。这就要求我们必须回到正确的消费利益路线上去。

马克思指出:"消费的能力是消费的条件,因而是消费的首要手段,

---

① 详细的分析参见周晓虹:《全球中产阶级报告》,社会科学文献出版社 2005 年版,第 115 页。
② 马克思、恩格斯:《共产党宣言》,人民出版社 1997 年版,第 31 页。
③ 消费主义的准则是,在经济发展的动力因素上抬高消费的作用,忽视生产和资本的积累,把人的价值单一地定位于物质财富的享用和高消费的基础上,从而认为消费就是一切。对消费主义的详细论述可参见王璐:《消费与节约:马克思节约思想的新视角》,载《当代财经》,2006 年第 5 期。

而这种能力是一种个人才能的发展,一种生产力的发展。"① 这一论述明确地表明,发展个人生产力,提高劳动者的能力素质,促进人的全面自由的发展应是消费中应有的利益含义。因此消费的合理、适度以及节约,并非禁欲,而是为了更好地增强人的消费能力,推进人的消费层次,从而理顺消费中存在的各种利益关系。

二、服务经济时代消费中的服务利益

以上分析用了较多的篇幅论述消费与利益的关系,无非是希望从多角度对其作出深入的剖析,并给出一定的价值判断,这样显然有利于对消费中服务利益的研究。事实上,服务经济的发展与消费的大众化在资本主义社会几乎是同步前行的,由此为考察服务经济时代消费中的服务利益提供了良好的条件。

我们知道,消费在商品经济社会中是经由交换和分配才在价值和使用价值的互换中成为主体所能支配和实现的利益,这一过程几乎而且越来越离不开流通的功能和作用。但是,有一点需要明白,无论是产品还是商品,使用价值运动的社会交换过程是更一般的规定。② 服务经济社会中,分工的深化和拓展愈加超越于先前的任何时代,因而由分工引起的交换空间范围更加广阔,为使消费主体拥有现实的消费对象而在流通中进行的使用价值的运动和实现显然是必要的,否则这种使用价值对于消费者而言依然是悬浮在需要的欲望中,是一种潜在的尚未成为现实的利益。换言之,承担使用价值运动和实现的流通中的劳动对人的需要和消费而言是有用的,是可以产生利益的,在商品经济社会中是能够带来价值利益的。进而言之,那些与大众消费相适应的面向大众、刺激消费的营销服务活动——广告、杂志、影视、网络等等随之涌起,成为流通环节在商业社会的特殊存在。站在这一历史阶段上,可以看到处于消费外围但是与消费紧密相关的服务劳动所形成的利益无疑属于

---

① 《马克思恩格斯全集》第 46 卷下册,人民出版社 1980 年版,第 225 页。
② 参见王晓鲁:《第三产业与生产劳动》,四川人民出版社 1986 年版,第 141 页。

重要的利益形式。

再来看消费本身，从需要的多样化以及物质需要向非物质需要，也即向服务需要的发展中不难看到，服务消费已经成为重要的消费形式，而且处于大众消费之中以及其上，这便形成服务经济时代消费中的服务利益的外在直接表现。与实物商品的消费不同，服务消费的对象是运动形态的使用价值，其生产与消费具有同时性，由此决定了消费中的服务利益本身就是生产与消费一体两面——利益主体消费的过程就是占有的过程，占有并非延伸到消费之外；而消费的过程同时也是生产的过程，生产的结果是财富的创造与再造，并且这种占有与生产就是利益的现实实现过程。若同样将服务消费划分为生产消费与个人消费，那么消费中的服务利益则指向了有形的可累积的产品、无形的不具累积性的服务以及服务消费者本身。

而服务消费中的利益显然与物质产品消费中的利益一样，是人们追求的目标与生产的内在动机。就服务利益而言，"惊险的一跃"在商品经济中愈加"惊险"。一旦没有消费，服务的生产要么无法进行，要么即使进行，也徒劳无益。由此可见，消费的能力与层次，进而生产的能力与水平对于服务利益有着重要影响。而现实经济的发展则是生产决定消费，因此在生产尚未发展到一定的高度，消费尚未对生产发生重要作用之前，消费中的服务利益无论从结构还是整体水平都难以有大的跃升。何况其发展还受到生产方式、社会制度的制约和影响，那些在社会消费中占据强势地位的利益个人和利益集团，在一定条件下，其服务消费并不完全受制于生产，但却可能与整体经济所容纳的消费能力以及其他弱势群体的消费相对立，此时的服务利益已经体现出利益的层次及利益的分化，成为整体利益冲突的潜在诱因。

当生产发展到一定高度，以至于消费对于生产具有重要的反作用时，消费的自主性和选择性逐渐突出，消费的层次与水平有条件提升，此时的服务消费以及消费中的服务利益所受的制约与束缚则被不同程度地放松了。其一，在资本主义步入大众消费阶段，物质产品丰裕并成为必要而普通的消费品的条件下，基本消费向享受消费和发展消费转变的趋势成为大众化的必然的趋势，那些能够承担享受和发展任务的服务消费自然会大规模的兴起；其二，服务利益深化中，服务形式的增多以及财富的增长为推进服务消费奠定了坚实的基础，注入了强劲的动力；其三，服务利益的财富分配效应使服务消费的主体结构和客体结构呈现出层级扩展，消费中的服务利益在整体推进过程中分化的趋势有着强化的可能，如庞大中产阶级消费群体对于服务的消费以及服务消费内部"金字塔"的形成和发展就是很好的说明。

服务消费与物质消费在一定条件下有着此消彼长的关系，这本身表明二者都应该成为人类基本生活需要的重要组成部分，否则无需劳动付出，可有可无，也就不会成为利益追求的目标。这里所谓的"基本"，显然属于"消费的辩证法"，因为享受、发展与基本是不断相互转化的。在此过程中，人的本质与发展也在不断的深化和凸显，人类的消费利益路线也显得愈加重要。否则，面对消费主义、享乐主义，面对服务消费在其中的发挥以及服务利益双向张力的趋紧，我们失去了认识的标准与主线，对此倍感困惑与无力。比如，一份最近的研究报告表明，我国目前相当一部分人处于最基本生活需求的边缘，对服务的需求不足，但是相对富裕阶层支撑着一些奢华性的服务业畸形发展，中低收入阶层对质优价廉服务的基本需求无法得到充分的满足。① 这种状况不仅不利于产业结构的调整、经济的发展，也背离了人类基本的消费利益路线。

进一步深究，新工业主义认为，未来消费的趋势是商品代替服务，社会生产仍然围绕物质财富的生产展开，即使未来社会是以服务消费为主，服务的生产也将"产业化"和"工业化"；而美国学者鲍莫尔则认为，就产出来说，所谓"服务经济"只是一种统计幻觉，是由服务业和制造业相对通货膨胀造成的幻觉，那种认为人们对服务的消费会随财富的增长而上升的观点是值得怀疑的。② 上述两种观点虽没有反映服务整体与整个事实的全部，但是它们起码说明了服务经济尚有漫长的路要走，消费中的服务利益依然处于依赖物质利益发展的模式，即通过标准化、产业化等方式提高生产率，从而推

---

① 参见何德旭：《中国服务业发展报告 NO.5——中国服务业体制改革与创新》，社会科学文献出版社 2007 年版。

② 参见黄少军：《服务业与经济增长》，经济科学出版社 2000 年版，第 75、227 页。

进服务的消费。然而为人的服务及服务的消费、特别是有利于人的发展的个性化的服务却是服务利益发展的方向。由此看来，服务经济时代消费中的服务利益目前也仅仅处于发展的一个初期阶段，浸润在价值财富的环境中，围绕而没有与物质生产利益彼此独立，且与为人的本质和自由全面的发展而生产与消费的长远利益目标还有相当的距离，这是我们在推进服务利益的过程中应有的清醒的认识。①

三、消费结构升级中服务利益的深化

前述提到，体系的观点也就是结构的观点。在对服务经济时代消费中的服务利益进行分析之后，我们重点研究消费结构升级中服务利益深化的问题。这不仅是本书的内在逻辑发展，而且也最能体现利益和利益关系的变化。

（一）理论分析

依据消费品的性质和特征，消费结构可分为耐用品消费和非耐用品消费，实物产品消费和服务消费，必要生活资料消费和奢侈品消费，等等。与前两种划分相比，后一种划分已比较明显地涉及到消费主体的结构问题。②而马克思、恩格斯对"第一个历史活动"的论述同样包含着消费结构的思想，"吃喝住穿以及其他一些东西"不仅构成了利益的基本内容，同时也形成了需要和消费的内容以及内部的结构和比例关系。而从消费的质的方面看，与生存、享受和发展三大层级需要相对应，消费资料也经历从生存向享受和发展不断上升的过程，即人类的消费结构由低级向高级不断演进具有必然性。

---

① 此处，对于文中不时出现的"人的本质"有必要进行简要的归纳。马克思对人的本质的界定是多面的，包括三个命题：一是"劳动或实践是人的本质"；二是"人的本质是一切社会关系的总和"；三是"人的需要即人的本质"。它们是相互统一的有机整体。这三个命题在本书的分析中均得到了体现。详细论述参见余永跃、陈曙光：《马克思"人的本质"思想解读》，载《光明日报》，2006年6月26日第9版。
② 关于必要生活资料和奢侈品的划分，参见马克思：《资本论》第2卷，人民出版社1975年版，第447—448页。

目前已有的研究表明如下存在的普遍规律，即"消费结构在其发展的低级阶段上，以吃穿两项占绝大比重为其阶段性的特点；消费结构在其中级发展阶段上，以吃穿退居次要地位、耐用消费品占主要地位为其阶段性的特点；消费结构在其发展的高级阶段上，以物质生活消费退居次要地位、文化精神生活消费上升为主要内容为其阶段性的特点"。[1] 从上述规律的表述中，我们不难理解人类发展史中，"人们首先必须吃、喝、住、穿，然后才能从事政治、科学、艺术、宗教等等"这一简单事实所蕴含的真理，也自然能够推知，对于服务的大规模需要和消费并非发生在消费结构的低级阶段。[2] 如果进一步将视线集中于个人消费，而非生产消费，这也是我们将要着重分析的消费形式，那么服务的生活消费则主要表现为高级消费结构的重要组成部分。

现在再来用服务利益的观点来审视消费结构的变化，不难发现，人类消费结构的变迁是需要结构，同时也是利益结构变迁的结果和反映，其根本的动力在于生产力，其特定的社会形式和内部联系在于具体的生产关系，因而服务消费在消费中所占的比例及质的跃升就是利益的深化及服务利益在利益体系中重要地位确立的过程，是人类对于消费中的服务利益的主体意识唤醒的过程，也是利益主体和客体两个层面都得以扩展和分化的过程。联系前一章所分析到的恩格尔定律，也不难理解，在消费的价值构成与使用价值构成相互一致的条件下，该定律在食物消费方面所揭示的消费支出结构的变化，间接而非直接地映射出服务利益的发展状况，即使它并没有涉及利益关系，特别是服务利益关系的变化，更没有细致到服务消费内部利益情况。依据其中的联系，联合国将恩格尔系数的高低作为评价贫富国家生活水平的重要标准之一，恩格尔系数59%以上为绝对贫困，50%—59%为勉强度日，40%—50%为小康水平，30%—40%为富裕，30%以下为最富裕。[3] 这在一定意义上将非

---

[1] 林白鹏等：《中国消费结构学》，经济科学出版社1987年版，第3页。
[2] 《马克思恩格斯选集》第3卷，人民出版社1995年版，第776页。
[3] 参见史秋华、张永苗：《对"恩格尔系数"的变化要具体分析》，载《浙江统计》，2002年第6期。

食物消费支出、利益水平、服务利益大致的整体发展状况以及利益主体联系起来，并与消费结构演进的一般规律是一致的，成为分析消费结构升级中服务利益深化的重要侧面例证。

然而这样的认识对服务利益而言是不够的。"第一个历史活动"告诉我们，一切的经济社会活动应以"以人"和"为人"的生存和发展的利益为中心，这才能真正回归到"人化世界"中，姑且不论这个"人"具体指向何种层次的利益主体。那么，人类消费水平和消费结构的升级就应该成为经济利益在不同发展时期阶段性的落脚点。对于不同发展水平的经济体，我们难以确切断言消费的最大利益是物质利益还是服务利益，但是反过来，从整个人类的发展过程来看，到目前，服务利益的最大利益却是消费中的利益，集中反映在它对消费水平和消费结构提升的重大推动作用，而它本身也是消费利益的重要组成部分。得出这样判断的认识基础在于，从人类社会产生之初，服务就以消费为中心，当其逐渐发展到以服务生产为重心的阶段时，服务本身的外延已大大拓宽，但是却实质上表明人类创造"第一个历史活动"和进行其他历史活动的能力极大地增强。以为人的消费和提升消费水平、结构为落脚点和指向成为发达经济中服务利益区别于物质利益的显明的特征。然而，我们也并没有忽视"服务以服务生产为重心"的事实以及从更长远广阔的视野去审视服务利益。对于前者，我们将会把握目前服务利益形式中重要利益的发展状况；对于后者，事实上就是从"人化世界"中人类利益更加根本的去向进行思考，这就是为人的本质和自由全面的发展而生产与消费的长远利益，这一点同我们已经分析过的财富的实质以及服务利益的财富效应也是一致的。

如若集中于服务利益的消费主体并立足于服务利益形成时期的资本主义时代，我们发现，在资本主义大工业发展初期，耐用消费品还尚未有条件占据消费的主导，对物质消费品，尤其是食物的消费是一种必要生活资料的消费，而对奢侈品，特别是服务则属于社会上层有闲人士的消费范围，因此，尚在形成阶段的服务利益在消费中是以结构对抗的形式出现的。待到服务经济与大众消费时代来临，耐用品的消费比例大幅提升并成为普遍的消费对象时，必要生活资料的消费范围大大拓展，食物在消费中的相对份额不可避免的下降，先前的诸多奢侈品也被纳入到大多数人的消费范围，服务消费也有条件真正处于普通个人的消费地带，成为利益追求的重要目标。可见，服务利益发展中的最大利益，即消费和消费结构的提升是在大众之中去对抗性基础上达到"最大化"结果的。

（二）实证考察

为了更深入理解消费结构升级中服务利益的深化，以下我们将从实证的角度进一步予以分析。

总的来看，目前消费结构升级中服务利益的发展有如下表现：第一，无论是消费结构的量还是质的方面的规定都发生了重大变化。不论从实物还是价值量上来看，食物消费绝对主导的消费结构被彻底改变，恩格尔系数大幅降低。而消费的种类、层次和数量上的比例关系呈现多元化和复杂化，受到收入和价格等因素的差异性影响明显增强，特别是商品和服务的相对价格对于消费量的影响突出，消费结构内部的比例和协调问题凸显。而消费结构的质的规定则在整体推进的情况下向享受和发展型迈进。"第一个历史活动"向纵深发展，服务特别是那些为人的自由全面发展的生活消费服务的发展水平成为消费结构所处阶段的重要指示器。第二，无论是消费的客体结构还是主体结构都有了新的表现。消费客体的多样化和丰富性本身是需要多样化和无限发展的反映。而从具有累积性商品的消费到运动形态使用价值服务的消费，消费的客体结构向柔性软化，体系愈加具有弹性的方向发展。至于消费的主体结构，其对抗性大大减弱，整体有拉伸的趋势，具体部分有分化的表现，而庞大的中产阶级消费群体不仅使其结构重心发生移动，而且直接影响到消费客体内容和数量的变化，尤其是服务消费的增长。可见服务利益已成为中产阶级利益群体所追求的重要利益形式，成为社会身份认同和消费水平的标志。第三，消费结构或多或少地逾越了消费存在，走向消费主义。在这种无节制的奢侈性和炫耀性消费中，部分服务消费起到了推波助澜的作用，由此不仅使消费结构可能出现断裂的消费带，而且使其朝着畸形的方向发展，并且这种趋势将随着消费主义在全世界的扩张而加剧。

下表显示的是世界主要国家居民消费支出构成：

表 4-1　世界主要国家部分年份居民消费支出构成（单位：%）

	美国	加拿大	墨西哥	英国	法国	澳大利亚	日本	韩国	中国
食品	8.17	12.45	26.38	11.49	16.94	12.98	18.02	16.53	27.7
衣着	3.28	4.10	3.02	5.53	3.75	3.56	3.50	5.90	6.9
家庭设备用品及服务	4.27	5.45	5.88	5.22	4.86	4.60	4.30	3.27	6.2
医疗保健	21.78	4.37	3.50	1.85	4.17	6.42	3.76	5.58	7.8
交通通讯	11.49	18.34	20.74	15.14	16.07	12.51	13.64	15.16	13.3
教育文化娱乐服务	11.45	9.81	7.16	11.62	8.45	14.83	9.93	13.62	11.4
居住	18.78	24.13	17.83	26.78	26.21	22.89	25.19	18.41	24.0
杂项商品与服务	20.77	21.35	15.48	22.37	19.54	22.22	21.67	21.55	2.6

注：表中美国、墨西哥、澳大利亚、日本为 2016 年数据；加拿大、英国、法国、韩国为 2017 年数据；中国为 2018 年数据。

资料来源：根据《国际统计年鉴2018》数据计算整理所得。

从上表可以看出，发达国家的恩格尔系数普遍很低，按照联合国对生活水平的判断标准，显然属于最富裕的行列。其中，美国食品和医疗保健两项消费支出与其他国家差异最为显著，而其医疗保健、交通通讯和教育文化娱乐服务三者总共所占的比重与其他国家相比也以较大的领先幅度处于首位，反映出作为世界经济的头号强国，其享受和发展性消费的主导地位以及消费结构的高级化。其他资本主义国家则可以归为第二级梯队，服务消费比重均基本达到了1/3强左右甚至更高。这种以美国为首，其他国家紧随其后的现象不仅是对消费结构变化一般规律的生动诠释，同时也在一定程度上反映出美国消费对于世界的影响。"美国不是消费主义的始作俑者，但却是后来者居上，把消费主义观念所导致的行为发展到一个新的阶段，消费主义不再局限于富有的'有闲'的社会阶层在物质生活方面的价值取向，而逐渐成为弥漫于整个社会的一种时尚观念，也成为不断刺激美国经济发展的主要动力之一"①，并波及影响到其他发达国家和发展中国家，由此使服务消费在经济

---

① 王晓德：《美国现代大众消费社会的形成及其全球影响》，载《美国研究》，2007年第2期。

自身发展的内因和诱导性外力的共同作用下加速了消费结构的变化。

相比而言,我国的恩格尔系数还很高,按照联合国的标准,达到了小康水平,但是这仅仅是整体上的大略说明,并没有反映出经济发展差距、收入差距以及不同利益群体差异等因素的影响。以下是我国城镇和农村居民2012—2018年家庭平均每人全年消费支出结构表:

表4-2 2012—2018年中国城镇居民家庭平均每人全年消费支出结构（单位:%）

	食品烟酒	衣着	居住	生活用品及服务	交通通信	教育文化娱乐	医疗保健	其他用品及服务
2012	36.2	10.9	8.9	6.7	14.7	12.2	6.4	3.9
2013	35.0	10.6	9.7	6.7	15.2	12.7	6.2	3.9
2014	35.2	9.7	9.7	7.3	15.8	12.8	6.2	3.2
2015	34.8	9.5	9.3	7.3	16.2	13.3	6.5	3.4
2016	34.4	9.0	9.4	7.4	16.4	13.7	6.7	3.1
2017	28.6	7.2	22.8	6.2	13.6	11.6	7.3	2.7
2018	27.7	6.9	24.0	6.2	13.3	11.4	7.8	2.6

资料来源：2013—2019年历年《中国统计年鉴》。

表4-3 2012—2018年中国农民家庭平均每人全年消费支出结构（单位:%）

	食品烟酒	衣着	居住	生活用品及服务	交通通信	教育文化娱乐	医疗保健	其他用品及服务
2012	39.3	6.7	18.4	5.8	11.0	7.5	8.7	2.5
2013	37.7	6.6	18.6	5.8	12.0	7.3	9.3	2.6
2014	34.3	7.6	11.3	7.4	15.1	12.8	9.2	2.4
2015	33.0	6.0	20.9	5.9	12.6	10.5	9.2	3.1
2016	32.2	5.7	21.2	5.9	13.4	10.6	9.2	1.8
2017	31.2	5.6	21.5	5.8	13.8	10.7	9.7	1.8
2018	30.1	5.3	21.9	5.9	13.9	10.7	10.2	1.8

资料来源：2013—2018年历年《中国统计年鉴》。

这两张消费支出结构表按照城乡分工首先将消费主体划分为两大消费群体。虽然城乡经济逐年发展，但是从两者社会经济固有的差距不难理解农村的恩格尔系数总体大于城镇。对比发现，农村消费支出近年来发生了诸多积极的变化，居住消费较为稳定，医疗保健支出占比高于城镇。上述分析表明，我国服务利益在消费结构中虽然仍表现出城乡发展的不平衡，但是这种不平衡正在得到持续改善。

当然，城乡居民消费结构变动的首要影响因素是收入，除此之外，还有制度、文化、人口等各种因素。以下我们集中从收入角度，将我国城乡居民按照收入的高低分组进行考察。

表4-4　2012年城镇居民家庭平均每人全年消费性支出构成（单位:%）

	最低收入户（10%）	较低收入户（10%）	中等偏下户（20%）	中等收入户（20%）	中等偏上户（20%）	较高收入户（10%）	最高收入户（10%）
食品	45.34	43.15	40.95	38.56	35.82	33.19	27.41
衣着	9.68	10.88	11.47	11.23	11.16	10.73	10.43
家庭设备用品及服务	5.55	5.92	6.19	6.58	6.79	7.09	7.45
医疗保健	7.51	6.97	6.78	6.97	6.30	6.12	5.18
交通通讯	8.26	9.93	11.34	13.13	14.93	16.68	21.17
教育文化娱乐服务	9.90	10.77	10.80	11.36	12.35	13.31	14.42
居住	11.40	9.62	9.45	8.81	8.62	8.35	8.29
杂项商品与服务	3.94	2.76	3.02	3.37	4.04	4.53	5.64

资料来源：《中国统计年鉴2013》。

表4-5　2012年农村居民家庭平均每人全年消费性支出构成（单位:%）

	低收入户	中低收入户	中等收入户	中高收入户	高收入户
食品	43.3	42.6	40.5	38.6	35.3
衣着	6.6	6.4	6.6	6.7	7.0
家庭设备用品及服务	5.3	5.6	5.9	5.9	6.0
医疗保健	10.0	9.8	9.2	8.6	7.2

续表

	低收入户	中低收入户	中等收入户	中高收入户	高收入户
交通通讯	9.6	9.2	10.1	10.6	13.8
文教娱乐用品及服务	6.2	6.6	7.1	7.7	8.9
居住	17.0	17.4	18.2	19.4	19.0
其他商品与服务	2.1	2.3	2.4	2.5	2.8

资料来源：依据《中国统计年鉴2013》数据整理计算。

从表4-4、表4-5数据可见，无论城镇还是农村，恩格尔系数随着收入的上升均有下降的趋势。其中，与农村居民不同，城镇居民在居住方面的支出随收入上升而下降，两者在医疗保健上的支出则都趋于减少，这种状况与美国在此方面的消费有着鲜明的反差。而最显著的特点莫过于城乡居民最高收入户与最低收入户在交通通讯方面的消费支出差距在各种消费差距中最大，其中尤以城镇居民为甚。这充分说明城镇化和工业化过程中，通达性服务消费对于消费结构的影响重大。而相关研究表明，就目前来看，同非中产阶层家庭相比，中产阶层家庭的享受性消费、发展性消费方面的支出已经有了明显差别，中产阶层家庭的消费结构正从传统的以衣食为主的单一消费结构不断趋于多元化。[①] 总的来看，中等以上收入户在医疗保健、交通通讯和文教娱乐用品和服务三项总支出方面成为消费的主体。换言之，他们是服务消费的主要需求者和消费者，是服务利益在消费方面的主要归属群体。

通过从理论和实证两方面的分析，我们看到，消费结构升级中服务利益的深化是多方面的。相对于发达资本主义国家，我国的消费结构随着经济的发展正处于多变调整期，而服务利益在其中发挥着重要的作用，成为消费结构变动的动因和需要关注的成长空间地带。

---

① 参见周晓红：《中国中产阶层调查》，社会科学文献出版社2005年版，第65页。

第三节 生产结构变化中服务利益的深化

依然沿着体系的观点就是结构的观点,我们已经领会到需要、分工、劳动与利益各大体系和结构之间的紧密联系,由此也不难推知消费以及生产之间存在的紧密关系。在对消费及其结构升级中服务利益的深化进行研究之后,我们将重点考察生产结构变化中的服务利益的深化问题。更确切地说,此处的生产结构指的是生产的产业结构以及就业结构。以下将在运用利益观点分析生产结构历史发展的基础上,探讨服务经济时代生产结构变动中的服务利益,并且对其发展进行实证考察,从而从结构角度全面深化对服务利益的理解。

一、生产结构的历史发展:一个利益演进的观点

在第二章关于服务劳动发展过程中经济利益历史变迁以及第三章关于恩格尔定律和配第——克拉克定律利益视角再思考的分析中,我们已经涉及到了产业以及就业的发展和结构方面的问题,但是没有展开集中系统的论述。而从社会发展史看,产业、就业结构的历史变迁事实上是人类对多元化利益不懈追求和不断调整的过程。

我们不难理解,恩格斯关于三次社会大分工的论述其实就是对人类早期社会产业演进的描述和论证,只不过那些产生出来的经济部门,尚未发展到现代社会如此的规模和细分的行业,也没有如现代"产业经济学"那样进行理论和应用方面专门的研究。但是,马克思、恩格斯论述的视野和深度却是广阔而深刻的。[1] 从游牧部落由其余的野蛮人群中分离出来,畜牧业从而产生的第一次社会大分工,经历手工业和农业相分离的第二次社会大分工,直到商人阶级出现的第三次社会大分工,人类社会迄今为止的三大产业雏形业

---

[1] 参见《马克思恩格斯选集》第 4 卷,人民出版社 1995 年版,第 158—169 页。

已形成。这是人类追求利益的直接结果,而整体经济产业结构也初步得以分化、成型,与产业发展相对应的从业人群也有了相应的社会经济位置。而这同时也是一个生产力发展、利益裂变、社会利益群体分化以及身份建构的过程。人们在社会实践中寻求并生产着维持和发展自身生存的条件,利益发展中的结构对立成为经济社会内在矛盾发展的外化表现,而各经济部门及从业人群则在对立中前行,并最终受着生产力发展的推动,生产关系的约束以及"时间经济规律"的支配。①

对立并非意味着冲突与抗争。后出现的经济部门是在先产生的经济部门的母体中孕育生成的,因此本身有着密切的联系和依赖关系,特别是在各部门尚处于低级水平的联系阶段。而外在形式的差异仅是对立的一种表现,只不过由于阶级、阶层利益的对抗而使潜在的利益冲突显化。考察人类发展史,我们发现,虽然手工业同农业的分离很早就发生了,但是作为狭义上的工业却从来没有同农业彻底分离,直到资本主义机器大工业摧毁了纺织手工业才得以较为彻底的完成。对此,马克思说:"最初,农业劳动和工业劳动不是分开的;后者包含在前者中。"而农业劳动的自然生产率,在人类发展的很长时期里,"是一切剩余劳动的基础"。② 因此,农业成为人类获取利益,并与自然直接发生紧密联系的极其重要的经济部门,农民也成为农业经济下的最庞大的利益群体。

而当人类社会进入资本主义阶段,经济部门结构及联系则发生了革命性的发展和变化。"随着以前的自耕农的被剥夺以及他们与自己的生产资料的分离,农村副业被消灭了,工场手工业同农业分离的过程发生了。"③ 而"大工业在农业领域内所起的最革命的作用,是消灭旧社会的堡垒——'农民',并代之以雇佣工人。……农业和工场手工业的原始的家庭纽带,也就是把二者的早期未发展的形式联结在一起的那种纽带,被资本主义生产方式撕断了。但资本主义生产方式同时为一种新的更高级的综合,即农业和工业

---

① 关于"时间经济规律"在第二章"分工深化中的非物质利益"部分曾经提到。
② 《资本论》第3卷,人民出版社1975年版,第713页。
③ 《资本论》第1卷,人民出版社1975年版,第816页。

在它们对立发展的形式的基础上的联合，创造了物质前提"。① 马克思以上论述表明，资本主义形态下，经济结构从农业向大工业的重心转移不仅仅是机器大工业所代表的生产力发展的直接必然的结果，同时也是资本主义生产关系建立的成果。农业经济被摧毁和瓦解，包含着生产力进步的客观动因，还有阶级利益的强制推行。在这一过程中，农民转变为雇佣工人，有着部门生产率和技术差异所引致的劳动力的转移，当然还有资本主义原始积累中"羊吃人"的贡献。而工业经济相对农业经济的上升、超越，同时也是工人所结成的利益群体，直至发展成为工人阶级，表现为整个阶级的形成和壮大，而与此相应的一面，则表现为资产阶级的利益对地主和贵族阶级利益的代替。如此，资本主义机器大工业一方面在摧毁农业经济，使经济结构朝着背离人与自然直接发生关系的方向越行越远，"破坏着人和土地之间的物质变换"②，但另一方面，又在为农业的发展奠定机器大工业的基础，为经济结构内部的有机关联提供条件，从而极大地提升了人类追求利益的动力和能力，并使社会关系、各种利益关系变得愈加纷繁复杂。

然而随着资本主义生产方式的进一步深化和发展，经济结构所反映的利益结构的调整出现了新的特点和变化，最明显地表现在资本主义社会分工和企业内部分工的空前扩展所引发的资本主义劳动向一般生产劳动的靠拢以及科学技术的大范围运用。由此，使得不同于工农两个经济部门的众多服务性行业在资本主义生产过程内外大规模地从原有的部门中独立或新产生出来或者获得了新的更广阔的发展空间，工农业的分工水平也发展到了一个新的高点。与此同时，大量的从业人员从农业和工业部门转向这些服务性部门，此时的商人阶级的利益，则以一种代表更广泛群体的新的利益形式展现出来。

经济的发展为现代经济学对产业的划分与研究准备了条件。恩格尔定律和配第—克拉克定律也仅仅是一个历史片断下的对消费结构、进而产业结构

---

① 《资本论》第1卷，人民出版社1975年版，第551—552页。
② 《资本论》第1卷，人民出版社1975年版，第552页。

和就业结构演进的有条件的佐证。从生产力和技术层面看，它一定程度上揭示了其中存在的客观规律，但是却不能反映出结构变迁背后利益发展和关系调整的实质。

二、服务经济时代生产结构变动中的服务利益

从农业经济到工业经济，再到以服务性部门壮大为特征的服务经济，是人类利益追求在经济部门结构性转移的反映。上述对产业和就业结构利益演进视角的初步分析试图表明，结构变迁既提示并要求我们顺应经济发展的规律，适宜适度地推进结构重心转变，以便更快更好地实现目标利益，同时又启示我们，结构的内在演进不是简单的更替兴衰，而是属于整个经济系统内部结构的协调和整体能级的跃升，不仅是生产力发展的问题，而且也是利益关系调整的问题。

事实上，不仅工业劳动与农业劳动最初不是分开的，更准确地说，三次大分工所产生的经济部门都尚未达到充分展开、彼此独立又紧密联系的水平。此时在各部门的从业人群，其利益追求是在个人能力范围内的多样化，其社会职业身份常常是交叉的，利益群体的归属则是与主要的经济活动相联系，边界划分总体表现出单一清晰的特点。而到服务经济时代，人类社会已经历经了工业与农业二者之间的分离，工人与农民两大利益群体分化的历史。在这一过程中，人们对利益的追求早已突破了个人能力范围的局限，而向社会范围内的结合力量、共同能力的方向发展，愈加追求更广阔范围内多样化的利益，其中形成的重要的利益形式莫过于服务利益，它有着不同于工业及农业所追求的物质利益的鲜明的特点。

如果说产业结构由农业向工业的发展是人类追求物质利益能力的极大提升，是创造生存、生活物质条件的过程，那么产业结构重心向服务业转变，进而服务利益成为利益体系日益重要的组成部分，便意味着人类在创造生存条件的同时，在生产着生活本身。虽然这种生产依然需要建立在坚实的物质利益基础上，而且目前也确实以增进物质利益为中心，但是却不能否认它向生活本身的靠拢。由于服务利益的壮大，整体的产业结构表现出"软化"的特征,它将经济结构内在的竞争力转化为一种"软实力",成为整体结构发展的方向。

而这种"软化"并非仅指形成服务利益基础的服务业在产值和就业方面的量的不断上升,因为虽然它是提供运动形态使用价值行业的集合,形式上的无形使其表现出"偏软"的特点,但是各行业在要素密集性上的显著差异决定了真正对结构变化产生巨大影响的不是劳动密集型,而是资本密集型,特别是技术、知识密集型的服务性行业。它们将其蕴藏的巨大生产潜力服务于经济整体,作用于工业和农业以及为人的生活和发展服务的各行业,从而使整个产业结构向技术、知识密集型的"软化"方向发展。因此,"软化"不单指服务业一个产业部门,也不是单从"量"的角度考察,而是关注的整体以及"质"的变化。在此过程中,各产业的关联性也空前被无形的强力无比的纽带强化了。①

而在这种空前强化的联系中,资本、技术和知识密集型服务性行业以其服务并显著作用于生产而分外突出,由此形成目前重要的格外引人关注的服务利益形式——生产性服务利益。② 相对于前述提到的消费性服务利益,生产性服务利益的规模更大。数据显示,目前 OECD 大多数国家生产性服务与消费性服务的比例都超过了 2,有的在 3 左右。如美国在 2003 年,此比例就达到 2.91。③ 可见,围绕生产的服务利益在服务利益中占有重要的地位,是目前服务利益的利益集中地带。

进一步深究,对于这种重要的服务利益形式,其存在的意义远不止于此。大致来说,有以下三方面值得注意:第一,服务利益范畴的确立不仅在

---

① 《第一财经日报》2007 年 9 月 5 日第 A01 头版发表了题为《钱学森的百年夙愿:在沙漠上挖出千亿产值》的报道。文中谈到,钱学森预言,接替信息产业革命的第六次产业革命,将是包括沙草产业在内的知识农业,强调了知识、技术在改造传统产业以及发展循环经济中的重要作用。这无疑说明各产业之间的紧密关联性及科学技术服务对产业发展的重大意义。
② 关于服务利益形式的划分我们将在后边章节进行专门论述。此处的分析出于论证的集中及对比的目的。
③ World Development Indicators database, April 2006, OECD. Stat.

于各种服务利益形式蓬勃发展，从而奠定了范畴生成的现实基础，更在于生产性服务利益异军突起，引领着服务利益体系的发展，使之在摆脱物质利益束缚的漫长过程中能够大幅度拓展自身独立而广阔的利益空间。那些与生产发展紧密相关的服务劳动，诸如金融服务、房地产服务、租赁和商业服务、信息传输、计算机和软件服务、科技服务等等，虽然围绕物质商品生产，但是它们却带着鲜明的现代经济特征，并且与信息技术和知识经济紧密相关，因而代表着先进的生产力，左右着服务利益乃至经济利益体系的发展高度和获利水平；第二，目前生产性服务增加值在许多国家服务业总体增加值的比重已达40%左右。① 生产性服务利益已成为创造剩余利益和财富的重要源泉，在服务利益体系中具有举足轻重的地位。它不仅带动其他利益形式发展，成为服务利益与物质利益紧密衔接的地带，而且为整个经济利益体系的上升提供条件和动力；第三，生产性服务利益的兴起是生产力发展和分工深化的结果。而分工的结果不仅扩大了社会劳动的范围，提高了劳动技能，节约了劳动时间，同时还能降低劳动成本，并在专业化和外部化过程中提高效率，节约交易成本，这些都成为分工和生产性服务的利益所在。而分工的连锁反应规律将使社会生产规模和分工相互促进，从而决定了生产性服务利益将不断扩大并渗透到经济生产的各个环节中。② 事实上，服务利益除了财富创造这样一种具体的表现形式外，效率的增进同样应被视为利益的重要体现。那么，较之其他服务利益形式，生产性服务利益以其非劳动密集的总体性特征和标准化、集约化的潜力在财富的创造和效率的促进方面具备更为独特而重要的优势。

由上述分析可见，服务经济时代，生产的产业结构变动中的服务利益不仅体现在社会大分工所造就的整个服务产业的出现和壮大，而且也集中体现

---

① 参见程大中：《生产者服务论——兼论中国服务业发展与开放》，文汇出版社2006年版，第4页。
② 所谓的分工的连锁反应规律指的是，劳动规模是分工的前提，而分工又会扩大劳动规模，导致新的分工。参见刘佑成：《社会分工论》，浙江人民出版社1985年版，第152—153页。

在围绕生产的服务行业的兴起。而生产性服务利益的发展既是服务利益体系发展，也是经济结构变动的结果。它在分工深化、结构变动中产生，成为整体结构的有机组成部分，并且以创造财富、特别是增进效率的利益所在成为整个利益链条的重要环节，因而被视为工业化和后工业化过程中最有发展潜力的服务利益形式。

现在，让我们再把注意力转向相互依赖、相互影响并且相辅相成的各大密切关联的产业上。虽然各产业所属的行业随着社会经济的发展不断兴起和衰落，但是由生产力水平决定和受生产关系所约束的经济产业却有着客观适宜的结构比例和重心。为了适应产业结构的变迁，就业结构同样会发生变化。

不同于资本主义初期雇佣工人的产生带着阶级利益强制推行的印记，在资本主义成熟时期，进入工业化中后期，大规模的劳动力从农业及工业转向服务业从业，虽然也有"被迫"的因素，但是更多地体现出经济发展和技术进步的客观动因，以及人们追求利益的主动积极的倾向。"国际上的研究发现，职业结构高级化是工业化国家普遍发生的一般趋势。高层次职业的数量逐渐增加，在职业结构中所占比重不断增长，而低层次职业的比重则不断减少，形成了'自上流动的潮流'"。① 而所谓高层次的职业又多数集中在服务性行业中。② 不仅如此，在许多发展中国家，比如我国，劳动密集型服务业还承担着剩余劳动力转移和创造更多就业岗位的任务，其意义就不仅限于就

---

① 参见陆学艺：《当代中国社会流动》，社会科学文献出版社2004年版，第10页。
② 在李春玲发表于《社会学研究》2005年第2期题为《当代中国社会的声望分层——职业声望与社会经济地位指数测量》一文中，作者发现，在中上层中，办事人员所占比例最高（30.9%），其次是专业技术人员（23.9%），再其次是个体工商户（13.2%）和商业服务业员工（12.4%），党政领导干部、经理人员、私营企业主和产业工人所占比例很低，农业劳动者和城乡无业失业半失业者则几乎没人进入中上层。这些声望处于中上层的职业与中产阶层大体是相合的，多数处于服务行业中。

业结构的自然变迁了。①

上述劳动力转移、就业结构的变迁并非是对原有产业归属的割裂与抛弃，如果用现代经济学的用语，应该说是资源与要素的自由流动和合理配置，从而提高要素的使用效率，而用利益的观点看，则恰恰属于利益关系的重新调整从而使各部门之间的利益联系愈加紧密，使整体利益水平有新的提升。马克思指出："如果说，单个劳动本身不再是生产的，相反，它只有在征服自然力的共同劳动中才是生产的，而直接劳动到社会劳动的这种上升，表现为单个劳动在资本所代表、所集中的共同性面前被贬低到无能为力的地步，那么，另一方面，一个生产部门的劳动由另一个生产部门的并存劳动来维持，则表现为流动资本的属性。"② 从马克思、恩格斯的论述中可以看出，流动的劳动力表面上在行业与产业间寻求定位，事实上各自的利益却越来越交织在一起。寻求定位的过程是利益关系协调的过程，不仅有利于个人生产力的发挥，显然也有利于整体经济结构和利益结构的发展。如果我们再用"黏合剂"观点考察，那么服务利益正是这种"自由流动"和"紧密交织"的空间和动力，在此过程中也形成了多元化的利益群体，他们之间的关系无疑是紧密相连的。

三、生产结构变化中服务利益发展的实证考察

在理论剖析的基础上，以下我们将实证探讨世界范围及我国，生产的产业与就业结构变化中服务利益发展的状况，以进一步深化对服务利益的认识。

从对世界，尤其是发达国家的实证研究发现，产业结构发展阶段和重心的转变呈现出配第—克拉克定律所阐明的统计现象，同时与消费及经济增长

---

① 魏作磊在《服务业能承担转移我国农村剩余劳动力的重任吗》一文中认为，发达国家服务业就业结构的变迁表明，服务业就业比重的提高实质上是以商业服务业为主的生产者服务业和以教育、医疗卫生业为主的社会服务业就业比重的提高。从目前来看，短期内我国服务业难以承担大规模转移农村剩余劳动力的任务。但通过发展劳动密集型制造业转移农村剩余劳动力不仅是可行的，也是必要的。作者的研究结论并不排除服务业对剩余劳动力吸纳已经和将要做出的贡献，倒是更清晰地表明劳动力转移过程中各大产业之间要素流动的内在协调和功能发挥的要求，并不存在必然的次序。该文载《财贸经济》，2006年第11期。

② 《马克思恩格斯全集》第46卷下册，人民出版社1980年版，第212—213页。

有着密切的关系。表4-6显示出这一状况：

表4-6　国际产业结构阶段与重心的演变

人均产值（美元）	最终需求	产业结构发展阶段	结构重心
150以下	温饱满足	农业与初步工业化	农业
150～300			农业、轻工业
300～600	追求便利与机能阶段	工业化	轻工重基础
600～1500			轻工重基础，重加工建筑
1500～2500			重加工建筑
2500以上	追求个性、精神、娱乐	服务化、信息化	咨询等现代工商服务业、信息产业

资料来源：《经济研究参考资料》150期。转引自靳娟娟《信息产业结构研究》警官教育出版社1997年版，第16页。

从上表可见，产业结构及重心演变的总体趋势除了从农业到工业再向服务业发展外，还表现出从劳动密集型向资本密集型、技术和知识密集型演进的特征。结构重心转变到服务业、信息产业表明利益结构的重心也发生相应的转移，朝着服务利益的方向发展，并且在产业及利益结构变迁的过程中，经济发展水平和消费结构也发生了相应的变化。总结来看，经济增长（国民收入增长）→居民收入水平提高→消费结构改变→产业结构改变→经济进一步增长，成为贯穿其中的一条线索。① 虽然依照生产决定消费，生产结构决定消费结构的观点，由此消费品产业结构将直接决定消费结构，决定其总量和比例的关系，但是消费结构又是消费中实现的产品结构，它将直接影响再生产过程顺利进行以及生产结构的延续，何况消费结构还会对生产结构的调整发生作用。如此看来，消费中的服务利益以及消费结构升级中服务利益的深化势必会影响到产业结构的变化，甚而有学者认为："非物质劳动正处于生产和消费之间新关系的十字路口（或者宁可说，它是接口）。激发生产合作和同消费者的社会关系这两项任务在交流的过程中得以实现。"②

---

① 对这一思路的归纳，参见林白鹏等：《中国消费结构与产业结构关联研究》，中国财政经济出版社1993年版，第331页。
② ［意］毛里齐奥·拉扎拉托：《非物质劳动》，载《国外理论动态》，2005年第3期。

进一步来看世界、特别是发达国家和地区与我国在产业和就业方面的构成情况，如表 4-7 与表 4-8：

表 4-7 国内生产总值产业构成（单位:%）

	农业增加值占国内生产总值比重		工业增加值占国内生产总值比重		服务业增加值占国内生产总值比重	
	2000	2017	2000	2017	2000	2017
世界	5.0	3.5[①]	29.4	25.4[①]	62.6	65.1[①]
低收入国家	29.0	26.3[①]	25.0	29.7[①]	41.7	39.2[①]
中低收入国家	12.5	8.7	36.3	31.6	49.7	54.2
中等收入国家	12.2	8.4	36.5	31.7	49.7	54.3
高收入国家	1.8	1.3[①]	26.5	22.9[①]	65.9	69.6[①]
欧元区	9.0	5.3	31.4	29.6	49.0	54.4
美国	1.2	1.0[①]	22.4	18.9[①]	73.1	77.0[①]
日本	1.5	1.2[①]	32.8	29.3[①]	65.9	68.8[①]
中国	14.7	7.9	45.5	40.5	39.8	51.6

注：①2016 年数据。

资料来源：《国际统计年鉴 2018》。

表 4-8 按三次产业分的就业构成（单位:%）

国家和地区	第一产业		第二产业		第三产业	
	2000	2017	2000	2017	2000	2017
美国	1.8	1.7	23.3	18.9	74.8	79.4
英国	1.5	1.1	25.2	18.4	73.3	80.5
法国	4.1	2.9	26.3	20.4	69.6	76.8
日本	5.1	3.5	31.4	25.6	63.5	70.9
中国	43.8	17.5	28.1	26.6	28.1	55.9

资料来源：《国际统计年鉴 2018》。

对比上述两表可见，高收入及发达国家和地区第三产业无论产值还是就业在三次产业中的比重最大，且均在上升并远远高于低收入和发展中国家。

姑且不论统计标准的问题,单就这些数据就能够反映出发达国家和地区在服务经济时代中服务利益量的水平。不仅如此,通过数据我们可以发现:第一,发达国家产业结构与就业结构基本上是高度一致的,反映出其经济分化与职业分化的同步同向性,形成的利益结构应是较为稳定的结构。而以服务业为基础的服务利益已明显地成为利益的生长点、结构的重心和关系调整的重点,充分地表现出结构"软化"的特征。相比而言,我国的产业结构与就业结构并不一致,经济分化与职业分化表现出反向的特征,由此决定了利益结构也处于不稳定、调整的过程中,利益群体还处于较大变动形成阶段,利益差距存在扩大的可能,利益关系有着潜在冲突的因素,而这些又都集中在了服务利益上;第二,从世界范围来看,对服务利益的追求和实现程度与水平已经成为发达国家与发展中和欠发达国家,高收入国家与中、低收入国家利益分化的表现和原因,成为产业结构与就业结构中以服务业最为突出的直接动因。因此,服务利益一方面意味着差距,而另一方面又意味着缩小差距的手段和途径;第三,发达国家和地区服务业产值和就业比重与一、二产业之间存在的巨大差距,一方面反映了第一、二产业在这些国家和地区很高的劳动生产率,也折射出发展中和欠发达国家相对而言较低的生产率以及分工水平的落后,但是另一方面,如果我们按照服务业的发展趋势推测开去,是否认为最终这些国家和地区几乎只存在服务业?对于一个处于封闭经济体系的国家来说这显然是不可能的,因此也就意味着服务利益的发展事实上已经将自己置于开放经济体系,确切地说是全球化的背景中,换言之,服务经济时代产业与就业结构变动表现出开放性,而服务利益也是在开放的环境中发展的。

下述则以我国为例,集中考察收入、职业与产业结构变化中服务利益的发展状况。职业与各产业从业人员在统计上显然是有差异的,但是它有助于对利益群体的产生和分布做出分析。见表4-9和表4-10:

表4-9 各省份人均国内生产总值的各职业的比重（单位:%）

人均国内生产总值（元）	国家与社会管理者	经理人员	专业技术人员	办事人员	商业服务人员	工人	农业劳动者	其他人员
5000以下	0.6	0.6	4.9	2.3	6.9	9.2	75.5	0.1
5000~7500	0.8	0.8	6.2	3.2	9.2	12.1	67.7	0.1
7500~10000	0.8	1.1	5.9	3.2	8.4	14.6	66.0	0.1
10000~12500	0.9	1.6	6.7	3.5	12.3	24.1	50.9	0.0
12500以上	0.8	2.7	10.9	7.7	18.6	34.1	25.2	0.1

资料来源：2000年全国人口普查，转引自陆学艺：《当代中国社会流动》，社会科学文献出版社2004年版，第110页。

表4-10 三次产业内职业结构（单位:%）

类别	国家与社会管理者	经理人员	专业技术人员	办事人员	商业服务人员	工人	农业劳动者	其他人员
一产	0.0	0.0	0.1	0.0	0.1	0.1	99.7	0.0
二产	0.2	3.0	6.2	4.8	7.8	76.7	1.2	0.2
三产	3.3	2.5	24.1	11.6	41.6	15.3	1.6	0.1

资料来源：2000年全国人口普查，转引自陆学艺：《当代中国社会流动》，社会科学文献出版社2004年版，第114页。

分析以上两表不难发现，第一，人均国内生产总值12500元以上高收入人群中除工人、农业劳动者和其他人员外的主要从事服务劳动人员占到了40.7%，比重很大，同时与其他收入段所占比重有着明显差距，说明利益群体的分化和形成主要在于服务利益；第二，从不同产业内职业分布看，第三产业中除工人、农业劳动者和其他人员外的主要从事服务劳动人员占到了83.1%，第二产业为22%，第一产业则仅为0.2%，这自然是与服务产业相合，但是其中专业技术人员与商业服务人员所占比重最大，则反映出服务利益的分布主要集中在围绕消费、特别是生产上，技术密集型的特征已露端倪。

依据2010年人口普查资料可见，服务利益主体规模进一步扩大。伴随我国经济结构的持续优化升级，从事服务业人口占比不断增加，服务利益群体分布进一步发生分化。

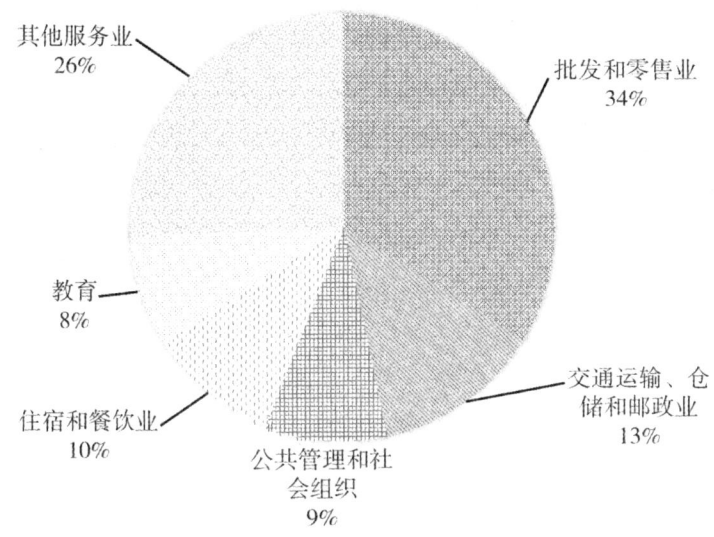

图 4-1　我国服务业就业人数行业占比（2010 年）

资料来源：依据《中国 2010 年人口普查资料》数据计算所得。

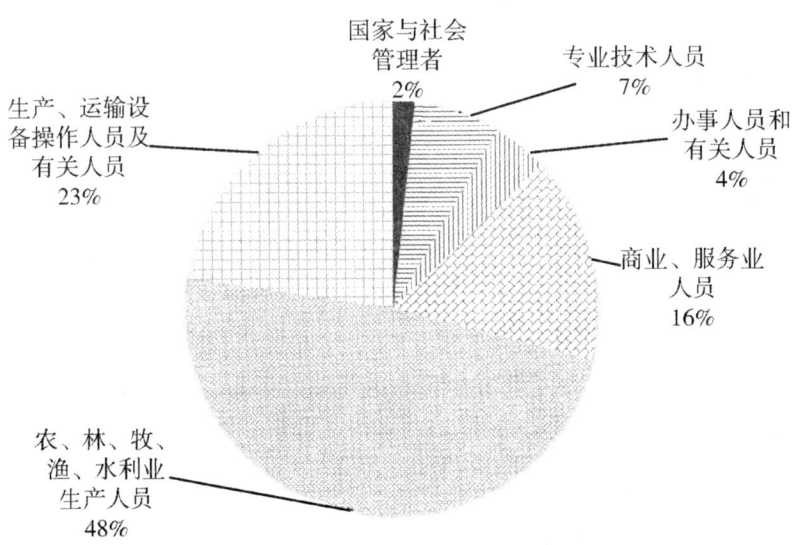

图 4-2　我国 15 岁及以上就业人口职业结构（2010 年）

资料来源：依据《中国 2010 年人口普查资料》数据计算所得。

第四节 结 论

基于本书的核心范畴，本章对服务利益深化过程中的财富效应与结构效应进行了分析。研究的思路是从服务利益自身逐层向外扩展，即立足于人本位世界，人的需要以及人对利益追求的拓展，首先从财富入手，在对服务利益深化中的财富效应进行深入剖析之后，转向消费及其结构，进而转向产业及就业结构，由此阐述了服务利益深化中的结构效应。

通过分析我们看到，服务利益的深化大大拓展了财富的深度和广度，其形式无论是使用价值还是价值，此外它对财富尺度、财富的分配以及财富主体均产生重要影响，使得人类在财富观念发生变革的同时，又有着关注自身，推进自身所处社会阶段的倾向和努力。进一步讲，财富的创造、拥有和享用才是根本的现实的利益。离开创造，财富是虚无的；离开拥有，就不会有强大的创造财富的利益动机；而离开消费，财富则是悬浮的，利益没有得到现实的实现。因此，消费、生产中充满着利益，消费结构、生产结构，进而产业结构本质上就是利益结构。而服务利益恰恰又成为消费与产业结构变迁追求的目标和前进的动力，成为整体经济结构协调发展、能级跃升的重要动因。

目前，我国利益结构正处于调整变动阶段，利益群体也处于分化形成时期。相对发达国家，我国服务利益尚待大力发展和深化。在此过程中，特别要注意推进技术和知识密集型服务行业的发展以及服务利益在开放环境中的成长。此外，要关注服务利益在财富、消费、产业与就业中"双向性"发展，最大程度减小由于利、害双向张力的趋紧而形成利益冲突的可能。

总的来看，服务利益在当前人类社会发展中尚处于发展的初期阶段，与为人的本质和自由全面的发展而生产与消费的最大利益目标还有相当的距离。它既有推进人与自然关系的利益部分，又有加剧人与自然关系疏离的利益部分；既有使人与人之间关系紧密的利益部分，又有使关系趋于紧张的利益部分。显然，这是一个服务利益自身正处于上升和发展阶段的复杂历史时期。

第五章

服务利益的发展：部门差异与空间差异

上一章我们对服务利益深化过程中的财富效应与结构效应，沿着历史变迁的时间线索，进行了深入的分析。然而利益在时间维度上的发展并非事实的全部，因为一切事物均处于一定的时空范围内，那么，空间维度则成为研究中不可分割和忽视的考察角度。因此，本章的分析将从时间延伸转向空间拓展，从而将服务利益的发展置于较为完整的时空之内，可进一步深化对服务利益在空间维度的发展规律和对现状的认识。这是本书对服务利益范畴进行的第二层面的研究。

我们的研究首先从服务利益内部状况切入。前边章节的分析虽然已经涉及了这方面内容，却没有进行集中深入的论述。但是服务利益的空间展开不仅仅反映在整体上各种利益形式的空间表现，更重要的是其内部利益组成部分在空间中的充分分化，这是服务利益空间发展真正而关键的环节和过程。所以，对服务利益组成部分或部门差异的分析，事实上是过渡到空间差异研究的前提和基础，而差异分化本身也意味着时空的延展。因此，下述将首先从理论上进行一个总的分析，以作为书中逻辑联系和研究的过渡，再分别探讨服务利益发展过程中的部门差异和空间差异。

第一节 差异的研究：从时间到空间

需要、分工、劳动以及利益各大体系的发展，实际上也是体系内部差异发展的过程。而差异化的过程随着生产方式的变迁和上升必然有着变化、演进和扩展的趋势。一维时空能够容纳下差异化中"线性"发展的规律，但是没有分化、延展的时空绝不可能容纳、映射出其"全景"式的变化和发展。因此，从时间到空间，从一维到多维成为我们深化、拓展利益差异研究的必要转向。本节的分析集中于对利益差异的产生和经济利益差异分化的空间表现，为服务利益的分析奠定了基础。

一、利益差异的产生和发展

毫无疑问，创造利益基本内容的"第一个历史活动"绝非单一的活动，因满足人类吃喝住穿以及其他一些东西的需要显然是多样化的，由此决定了人类追求的赖以生存发展的物质生活条件所形成的利益也必然是多样化的。多样化也就意味着差异。可见，利益差异的产生首先源于人类需要的多样化以及发展的无限性。

进而言之，需要体系与利益体系"双螺旋"紧密交织并不断上升的矛盾运动规律也是差异体系化发展的规律。矛盾本身就有着差异与不同的含义，若没有差异，矛盾也就缺乏了一种重要的外在表现形式，矛盾运动中的需要体系与利益体系的上升与发展必然受到影响。因此，建立在人类需要多样化基础上的利益差异不过是矛盾运动的一种表现，它不是孤立地产生于体系外，而是发生在体系内以及体系之间，自然也表现在结构上。矛盾同时也意味着对立，就利益来说，不仅发生在利益客体上，同样也发生于利益主体上，这就是利益差异"利""害"双向性在主客体上发展的表现，由此在强化利益双向张力的同时又为利益体系的发展注入了动力。可见，利益差异除了体现在利益需要及内容的多样性上，还体现在不同利益主体上，也体现在利益主体和客体的结构组成及体系内外各种形式的对比和联系上。

从人类具有利益和谋利意识起，利益差异就产生了。无疑，创造和谋取利益基本内容的"第一个历史活动"绝非发生并始终处于单一、孤立的地点活动。随着人类认识自然、改造自然能力的提升，原有的生产生活空间必然扩展，不同的生产生活空间则发生了联系的可能。因此，利益的差异性随之在空间中被拓展了。当我们把经济结构、利益结构上升演进的理论抽象再还原到具体的时空中,看到的就是结构差异与利益差异在时空中的展开。

由上分析可知,差异是利益时空发展的起点和动因,是利益研究时间线索和空间线索的联结纽带。前述章节的需要拓展、分工深化以及劳动发展过程中,利益变迁的历史线索,就是建立在差异发展基础上对时间维度的分析,而对服务利益的确立,以及深化中的财富效应与结构效应的研究同样如此。那么由时间维度的分析延伸到空间维度的分析,利益差异的分化又有怎样的表现呢?这是以下将要分析的问题。

二、经济利益差异分化的空间表现

历史变迁与演进的分析,回答了随着社会经济在时间维度的延伸和发展,生产方式以怎样的状态表现出来,并为如何推进其发展和变革提供认识基础和行动指南。这大抵属于现代经济学研究的生产什么,为谁生产和怎样生产三大问题。如果用利益的观点看,则主要是利益的创造和归属,显然服务利益也包括其中,而反映出的现象和规律则是一维"线性"的,突出的特征就是不考虑生产活动或利益创造的空间定位和变化。然而一旦将"空间"纳入分析之中,那么经济利益差异分化就有了新的表现。

首先,在原始经济利益基础上,其分化在空间中的表现,最初由于分工的深化、规模的扩张和要素的流动而不断催生出新的不同部门,这些部门在追求新的利益生长点的动因下,有着扩张原有经济利益空间范围的利益冲动,并可能以一定的分工秩序定位于不同的区域空间。"从某种意义上说,分工无非是并存劳动,即表现在不同种类的产品(或者更确切地说,商品)中的不同种类的劳动的并存。"[①] 而这种"并存"既可能发生于经济单位之内,也可能发生于不同区位空间中的经济单位之间。可见,经济利益部门差异分化在差异性空间的发展是利益空间维度延伸的一种表现。

其次,分工所引起的城乡的分离和利益的对立也是经济利益差异分化的典型的空间表现。如果进一步扩展,则由城乡发展到地区、区域以及世界范

---

① 《马克思恩格斯全集》第 26 卷下册,人民出版社 1974 年版,第 295—296 页。

围，比如沿海与内地、东部与西部、发达经济区域与不发达经济区域、发达国家与发展中以及欠发达国家，等等。与此同时，生产空间和消费空间也发生了利益的分化。"从消费空间的社会发生来看，消费空间发生了三次明显的分化：第一次消费空间与生产空间的分化，即生产空间从原始的作为唯一消费空间的家庭空间中分离出来；第二次是城市空间的分化，即随着城市的消费化和后工业化，城市成为消费、服务与市场中心；第三次是消费空间与居住区域的分化，即非日常消费空间（即旅游地点）从日常消费和生活空间的分离。"① 分化的过程既有"新的生产综合体与城市的产生，并因垂直劳动力分工形成都市—腹地系统"② 的空间结构，又有"空间结构透过社会群体的政治和经济战役（亦即阶级斗争）而建立和改变，继而透过有所分化的就业机会，创造、维系或改变了阶级和性别在空间上的不平等"，因此"透过劳动力空间分工可以看到产业格局，而产业格局是反映来自产业本身的空间差异的一种强有力的力量"③。可见，经济利益差异分化在空间上的表现是双重的，既有生产力的一面，也有社会关系的一面。

归纳起来，从空间维度对利益进行研究，包括了部门差异和空间差异，以及空间差异在生产力和生产关系方面的双重表现。下述的分析就沿此思路进行。

第二节 服务利益的部门差异

在"服务利益的确立"章节中我们谈到，服务利益是经济利益的一种重要形式，它与农业、工业产业利益及服务业经济利益既有联系，也有区别。仅从联系上来讲，服务利益是在服务化、服务业和服务贸易迅猛发展的基础

---

① 参见王宁：《消费社会学——一个分析的视角》，社会科学文献出版社2001年版，第243—244页。
② 石崧、宁越敏：《劳动力空间分工理论评述》，载《经济学动态》，2006年第2期。
③ 石崧、宁越敏：《劳动力空间分工理论评述》，载《经济学动态》，2006年第2期。

上成长起来的。因此对服务利益内部的考察，我们可以通过对服务业内部结构及部门的分析来进行，以此反映服务利益的部门差异。不仅如此，我们还要特别提到现代服务利益，它是部门差异研究的一个较为突出而有意义的问题。

一、服务利益内部结构划分的依据

众说纷纭的服务业分类虽然使人们在认识和理解上出现了不同程度的困惑，然而同时也为相关研究留下了空间。到目前为止，我们对服务利益的分析总体上是以整个服务业、服务化现象为基础，所获认识也主要是以整体、宏观、长远为主，并没有从利益内部进行更为深入的剖析。总的来看，服务利益是不同利益主体，从服务及与服务相关的经济活动中所获得的对自身生产、生活基本需要及发展需要的满足以及由此结成的各种经济关系；它不仅具有推动所依赖"物"的增长和扩大的作用，而且还为人的独立性提供了广阔的发展空间；从长远看，为人的本质和自由全面的发展而进行生产与消费是其最大利益目标。但是，这样的分析，特别是对现在正处于上升和发展阶段的服务利益而言是不够的。为了继续深化对服务利益自身的理解，同时也为从空间维度对其予以深入分析，我们将从服务业内部结构划分开始对其进一步考察。关于服务业分类和内部结构的划分，我们可以从西方经济学的相关研究中获得诸多有益启示和线索。此处重点提及几种与本书研究紧密相关的分类观点。

首先是1975年由布朗宁（Browning）和辛格曼（Singlemann）依据服务功能提出的服务业四分类法，包括生产性服务业、消费性服务业、分配性服务业与社会公共性服务业。[①] 这种分类方法由于较好地界定了服务的功能和

---

① 这四种分类法又被称作生产者服务、个人服务、流通服务及社会服务，其实质是一样的。具体所包含的服务行业可见下述分析中的说明。参见 Browning, H., and Singelman, J., *The Emergence of a Service Society: Demographic and Sociological Aspects of the Sectoral Transformation of the Labor Force in the USA*, National Technical Information Service, Springfield, 1975.

发生的主要领域，有利于区别其性质并开展较为独立的部门研究，因而被广泛接受和采纳。从上述四类服务业中，可以清晰地看出服务在经济循环中的作用，以及政府和公共服务部门所应具有的角色。这与前边章节对服务利益在消费、产业和就业中的表现的分析是一致的。因此，本书此后的分析主要依据此种分类方法进行。

其次是1970年由凯托兹恩（M. A. Katouzian）依据服务业在不同经济发展阶段的特点提出的三分类法，包括新兴服务业、补充性服务业和传统服务业。① 这种分类方法由于与经济发展阶段紧密联系，因此从中不难看出服务利益发展的阶段性特征，因此可以作为上述四分类法的重要补充。

此外，还有黄少军依据服务消费的经济性质提出的三分类法。② 他将辛格曼分类中的流通服务和生产性服务中的金融业视为"经济网络型"服务；将生产性服务中的会计、法律和企业管理服务以及社会服务中的政府部门服务视为"交易成本型"服务；将消费性服务、一部分社会公共性服务视为"最终需求型"服务，从而归纳出三种起着完全不同作用的服务业种类。此种划分同样也是服务利益内部结构划分的一种依据。

除了学术性研究之外，就是统计上的具体规定。在第三章关于服务劳动的扩展和三次产业的划分中，我们曾经提到联合国制定的国家标准产业分类（ISIC）和北美产业分类体系（NAICS），它们对服务产业的细致规定是服务利益内部结构分析的重要统计基础。而我国曾将第三产业划分为两大部门，即流通部门和服务部门，具体又分为流通部门、为生产和生活服务的部门、为提高科学文化水平和居民素质服务的部门以及为社会公共需要服务的部门

---

① M. A. Katouzian, The Development of the Service Sector: a New Approach, *Oxford Economic Books*, 1970 Vol. 22 pp362—382. 具体内涵可见下述分析中的说明。
② 参见黄少军：《服务业与经济增长》，经济科学出版社2000年版，第115—116、152—153页。

四个层次。① 在《国民经济行业分类》（GB/T 4754-2002）颁发之后，则进行了新的划分。本书对我国服务利益内部结构的分析就是基于这一统计分类并按照布朗宁（Browning）和辛格曼（Singlemann）的分类标准进行的。

二、对服务利益自身的考察：部门发展的非均衡性

服务利益内部结构划分的依据说明，不同标准的划分，主要从利益客体的层面以及供给与需求的角度，对服务利益做出功能、阶段特征和性质上的规定，由此我们可以得到诸如生产性服务利益、消费性服务利益、分配性服务利益、社会公共性服务利益以及新兴服务利益、补充性服务利益和传统服务利益等多种服务利益。这些服务利益从形式上来说虽是各种服务业种类的延伸，但是利益角度表明它们具有更丰富的内涵，不仅包含各自服务业基础以及具体行业与经济发展的关系，而且由此可以推及到与这些行业发展相关的经济活动主体以及他们在追求自身利益目标过程中结成的各种关系，因此是在更高范畴的审视和规定。

关于服务业内部结构演变趋势的相关文献资料并不鲜见。这些研究成果大多从实证角度进行统计考察和描述，并对其中的规律和原因予以分析，所反映的事实和剖析的原因对于我们的分析不无裨益。现有的研究表明，对于发达国家，在工业化进程中，商业、运输业和金融保险业无论从产出还是就业比重合计均居首位，而个人服务先升后降，公共服务总体呈上升趋势；对于不同收入水平的发展中国家，商业旅店、运输通讯比重不存在显著差异，金融保险房地产商务服务比重存在显著差异，社会社团个

---

① 1985年4月我国国务院同意转发国家统计局《关于建立第三产业统计报告》，开始改行西方通行的"国民生产总值"统计制度（SNA）。第三产业的四个层次分别为：第一层次，流通部门，包括交通运输业、邮电通讯业、商业饮食业、物质供销和仓储业；第二层次，为生产和生活服务的部门，包括金融、保险业、物资普查业、房产业、公用事业、居民服务业、旅游业，咨询信息服务业和各类技术服务业等；第三层次，为提高科学文化水平和居民素质服务的部门，包括教育、文化、广播电视事业、科学研究事业、卫生、体育和社会福利事业等；第四层次，为社会公共需要服务的部门，包括国家机关、政党机关、社会团体以及军队和警察等。

人服务与政府服务比重亦存在差异。① 按照丹尼尔·贝尔（Daniel Bell）的观点，从农业社会经工业社会再到后工业社会，服务业的发展经历从个人、家庭服务为主到与商品生产有关的服务为主，再到知识型和公共服务为主这样一个过程。② 其中，生产规模和需求的扩大，消费时空的扩散和水平的提升，技术、知识密集程度以及城市化、市场化的影响等因素都对服务行业构成、发展状况有所影响。③ 这些研究结论说明，服务利益不仅体现在产业、就业结构的变动中，其内部结构变动同样是利益变动和发展的重要表现。归结起来，部门发展的非均衡性是其重要特征。

非均衡的状态往往是事物自身内部矛盾发展规律的体现。因此，在发展过程中和不同的发展阶段，不同行业的地位和作用是依具体经济发展水平和条件变化的，服务利益内部也必然表现出不同利益形式差异性的发展。这在前边章节关于服务劳动生产性问题、服务劳动的扩展以及服务利益的财富效应的分析中或多或少都有涉及。特别是对服务劳动扩展的剖析，在将其放于资本主义生产方式的深化过程中，已经反映出各种服务利益形式整体蓬勃发展的时代背景和动因。

然而，进一步深入分析发现，生产性、分配性、消费性和社会公共性服务利益，从功能角度上的差异首先决定其在经济过程中角色、作用和地位的非均衡性。何况就服务利益整体而言，自身正处于快速上升和调整的阶段，

---

① 这一研究结论参见邓于君：《服务业内部结构演变趋势研究》，广东人民出版社2006年版，第56—58页，第158—159页。而有关服务业内部结构演变趋势研究的文献综述可参见该书第2—30页。国内近期具有一定代表性的研究除了该书外，其他还有黄少军：《服务业与经济增长》，经济科学出版社2000年版，第255—299页；陈凯：《中国服务业内部结构变动的影响因素分析》，载《财贸经济》，2006年第10期。

② Daniel Bell, *The Coming of Post-industrial Society*. Heinemann Educational Books Ltd., 1974.

③ 库兹涅茨（Simon Kuznets）、富克斯（Victor·R·Fuchs）、格沙尼（J. Gershuny）等人均提出了自己的解释。参见［美］西门·库兹涅茨《各国经济增长》，商务印书馆1999年版；V. R. Fuchs, The Service Economy, *National Bureau of Economic Research*, 1968; Jonathan Gershuny: *After Industrial Society? The Emerging Self-Service Economy*, Humanities Press, 1978.

从非物质利益范畴中脱胎出来不会久远了。因此，这种不平衡性体现得分外明显，尤其反映在目前服务利益的重要利益形式——生产性服务利益上。这也在上一章节关于服务利益深化中生产结构变化的分析中予以论述过。

总的来看，不具累积性的服务在为累积性实物商品的生产服务，反过来又推动服务生产力水平的提高。在实物商品利益、服务利益实现和再生产的内在要求下，分配性、消费性和社会公共性服务利益也不同程度地发展起来。此处，包含着利益实现的空间扩散，个体主体、社会整体利益实现程度以及利益实现途径和方式的转变。不同的服务利益形式相互制约、相辅相成。进而言之，服务利益的发展，包括与其他经济利益的对比以及自身内部的各种利益形式的非均衡性，根本上是由生产力水平决定的。对利益关系的调整可能会在一定程度上对这种非均衡性的发展有所影响。

如果按照黄少军的分类方法，则从服务利益消费需求的角度进一步看出，"经济网络型"服务利益、"交易成本型"服务利益和"最终需求型"服务利益均是建立在经济发展、分工深化和消费能力的基础上。因而在一定的制度前提下，经济发展、分工与收入水平所代表的生产力高度，直接决定了服务利益所指向的三个部分的发展状况。这说明两点：第一，非均衡性表明我们依据生产力水平从中可以找到利益的薄弱环节以及发展的方向，由此能够粗略地对经济利益以及服务利益的发展水平做出适当的评估；第二，非均衡性还表明，这种状况是客观的。因此，所谓的"服务业比重越大代表产业结构越优化"是有条件的，它必须建立在生产力水平决定的整体产业及产业内部协调发展的基础上，建立在代表生产力发展方向行业的发展潜力和竞争力上，所以一厢情愿扩大的结果可能事与愿违。

各种服务利益形式非均衡发展同时表明，其代表的利益主体，无论是服务利益的供给主体还是需求主体，也存在非均衡发展的趋势，利益关系则随着经济发展愈加紧密。其中生产性服务利益群体相对其他服务利益群体的地位正处于上升态势，分配性服务利益群体在发展到一定规模后适应了经济发展水平，会处于稳定发展阶段，消费性服务利益群体则随着服务消费的扩大而扩大，且有着分化的趋势，至于社会公共性服务利益群体，从供给的角度看，利益群体的规模较为稳定，具有较强的决定支配利益的地位，与其他利益主体之间有着较为明确的利益边界，而从需求的角度看，利益群体覆盖了其他群体，最为广泛，但是，无论服务供给还是需求，都存在公平与效率、公共性和竞争性、排他性的权衡，因此潜在的利益冲突比较明显。总而言之，在这样一个物质丰富、消费多样、个性突出、强调利益的时代，服务利益内部非均衡性发展有着广泛的经济和社会基础。

以下我们从实证角度重点考察最近几年发达国家及我国服务利益内部发展状况。表 5-1 和表 5-2 是美国和日本部分年份服务业产值结构和从业人员结构及变动情况：

表 5-1-a 美日部分年份服务业产值结构及变动（单位：%）

按功能划分服务业	2000		2002		2003		2000~2002 结构变动	
	美国	日本	美国	日本	美国	日本	美国	日本
分配性	25.7	28.7	26.6	27.6	24.7	27.1	0.9	-1.1
生产性	41.9	38.4	44.4	39.4	41.6	39.9	2.5	1.0
消费性	8.5	24.2	9.0	24.2	8.5	24.2	0.5	0.0
公共性	24.0	8.7	20.0	8.9	25.2	8.8	-4.0	0.2

注：1. 本表采用《国际标准产业分类》（ISIC）第三版标准。日本统计数据中，教育包括卫生和社会工作；其他团体、社会和个人服务活动包括旅店及饭店业。

2. 按功能将服务业分为四大类，分别是：分配性服务业，包括批发、零售贸易、机动车及个人、家庭用品修理业，运输、仓储和通讯；生产性服务业，包括金融中介、房地产、租赁及商务活动；消费性服务业，包括旅馆及饭店业，其他团体、社会和个人服务活动；公共性服务业，包括公共管理和国防、社会基本保障，教育，卫生和社会工作。

3. 之所以将机动车及个人、家庭用品修理业归于分配性服务业而不是个人消费性服务业，是因为按照第三版统计标准，机动车及个人、家庭用品修理业与批发、零售贸易是放在一起统计的，难以分开。

资料来源：依据《国际统计年鉴2005》数据计算所得。

表 5-1-b 美日部分年份服务业产值结构及变动（单位：%）

按行业划分	2000		2014		2015	
	美国	日本	美国	日本	美国	日本
批发、零售贸易、旅馆和饭店业	20.47	20.17	18.65	19.74	18.70	19.80
运输、仓储、通讯业	12.16	14.27	11.74	14.70	11.90	14.52
其他服务业	67.37	65.56	69.61	65.57	69.40	65.68

资料来源：依据《国际统计年鉴2018》数据计算所得。

表 5-2-a 美日部分年份服务业从业人员结构及变动（单位：%）

行业	1990		2001		1990~2001 就业结构变动	
	美国	日本	美国	日本	美国	日本
批发、零售业、旅馆和饭店业	29.3	38.9	27.3	35.9	-2	-3
运输、仓储和通讯	7.8	10.3	8.2	9.9	0.4	-0.4
金融保险、房地产和商务服务	16.0	14.2	16.5	15.3	0.5	1.1
社会和个人服务	46.9	36.6	48.0	38.8	1.1	2.2

注：本表采用《国际标准产业分类》（ISIC）第二版标准。对于日本，批发、零售、旅馆和饭店业不包括饭店业；社会和个人服务包括饭店业；对于美国，旅馆业包括在社会和个人服务业内。

资料来源：依据《国际统计年鉴2005》统计数据整理计算所得。

表 5-2-b 美日部分年份服务业从业人员结构及变动（单位：%）

行业	1990		2001		1990~2001 就业结构变动	
	美国	日本	美国	日本	美国	日本
1. 批发和零售贸易；机动车辆和摩托车的修理	18.09	24.26	17.48	24.63	-0.61	0.37
2. 运输和储存	7.29	8.04	7.53	8.40	0.24	0.36
3. 住宿和餐饮业	8.21	8.82	8.90	8.81	0.69	-0.01
4. 信息和通讯业	4.45	4.50	4.80	4.69	0.35	0.19
5. 金融和保险业	6.21	3.72	6.59	4.30	0.37	0.58

续表

行　业	1990		2001		1990—2001 就业结构变动	
	美国	日本	美国	日本	美国	日本
6. 房地产业	2.41	2.51	2.65	2.13	0.24	-0.38
7. 专业和科技活动	6.82	4.52	7.36	4.98	0.54	0.46
8. 企业管理和商务服务业	5.88	6.51	6.14	6.86	0.27	0.35
9. 公共行政和国防；强制性						
10. 社会保障	4.71	5.09	4.55	5.32	-0.16	0.23
11. 教育	12.10	6.60	11.88	6.95	-0.23	0.35
12. 卫生和社会福利业	17.78	14.99	18.30	18.29	0.53	3.31
13. 艺术、娱乐和文娱活动	2.63	-	2.70	1.70	0.06	-
14. 其他服务活动	3.42	10.42	3.81	4.64	0.39	-5.78

注：本表采用《国际标准产业分类》（ISIC）第四版标准。

资料来源：依据《国际统计年鉴2018》统计数据整理计算所得。

从表5-1显示的数据不难发现，虽然美日两国均属发达国家，但是除了分配性服务业产值结构不存在较大差距外，其他服务业差距都比较明显。当然机动车及个人、家庭用品修理业被归在分配性服务业中，可能会影响上述判断。但是仔细分析被归入部门的性质，就可知道它们大多属于"城市传统部门"或"非正式部门"。对于发达国家而言，所占的比重相对稳定。① 因此，我们有理由认为，在经济通达性达到一定水平并足以适应经济发展要求的情况下，分配性服务业将保持较为稳定的比重。排除由于统计口径不同引起的误差，暂且不考虑消费性和公共性服务业，单就生产性服务业而言，美国的产值比重和变动幅度要高于日本，这种状况反映出生产性服务业与经济

---

① 所谓的"城市传统部门"指小规模的、主要是家庭式运作的企业，包括摊贩、小手工业者、微型制造企业和一些小规模的建筑队。而"非正式部门"则由国际劳工统计会议从统计角度给出了一个描述性的定义。在一般文献中，"非正式部门"这个概念意指十分广泛，现在多指微型企业或不受监管的经济活动。详细的说明参见黄少军：《服务业与经济增长》，经济科学出版社2000年版，第294—299页。

发展水平存在密切的正向关系。结合表 5-2，可以看出，属于生产性服务业中的金融保险、房地产和商务服务与其他服务业就业比重相比较小，可见这些部门吸纳劳动力较少，且产值较高，更多的偏向于非劳动密集型行业。而社会和个人服务吸纳劳动力最多，并且在 1990—2001 年这十余年间上升幅度尚最大，至于批发、零售、旅馆和饭店业则在此期间明显下降，而运输、仓储和通讯保持相对稳定的发展态势。综合来看，生产性服务利益一直是发达国家利益的生长点，它大多具有非劳动密集型的特征。而除此之外的服务利益形式产值相对较小，利益群体规模较大，从事批发、零售、旅馆和饭店的服务利益群体，特别是从事社会和个人服务的群体，加起来超过了 2/3，可见面对个人和消费者的服务利益群体成为利益群体的重点。

与发达国家相比，我国服务业整体上虽显落后，但是近几年发展较快，显示出服务利益快速发展的态势。表 5-3、表 5-4 数据反映了相关的情况：

表 5-3-a 中国部分年份服务业就业（单位：万人）、增加值（单位：亿元）、结构及变动（单位：%）

按功能划分服务业	2004 就业	比重	2004 增加值	比重	2005 就业	比重	2004—2005 就业变动率	比重变动
分配性	1218.5	20.5	21758.2	33.7	1157.9	19.3	-4.97	-1.2
生产性	1029.6	17.3	21190.4	32.8	1082.1	18.0	5.10	0.7
消费性	354.7	6.0	7189.5	11.1	357.6	5.9	0.82	-0.1
公共性	3336.6	56.2	14423.3	22.3	3413.3	56.8	2.30	0.6

注：1. 本表采用中国《国民经济行业分类》（GB/T 4754-2002）标准。2004 年我国进行了第一次经济普查，因此第三产业数据更加完善；

2. 按功能将服务业分为四大类，并用字母表示，分别是：（1）分配性服务业，包括交通运输、仓储和邮政业（a），批发和零售业（c）；（2）消费性服务业，包括住宿和餐饮业（d），居民服务和其他服务业（j），文化、体育和娱乐业（m）；（3）生产性服务业，包括信息传输、计算机服务和软件业（b），金融业（e），房地产业（f），租赁和商务服务业（g），科学研究、技术服务和地质勘查业（h）；（4）社会公共服务业，包括水利、环境和公共设施管理业（i），教育（k），卫生、社会保障和社会福利业（l），公共管理和社会组织（n）。

资料来源：依据《中国统计年鉴 2006》数据整理计算所得。

表 5-3-b 中国部分年份服务业就业（单位：万人）、
增加值（单位：亿元）、结构及变动（单位：%）

按功能划分服务业	2017 增加值	比重	2017 就业	比重	2018 就业	比重	2017-2018 就业 变动率	比重变动
分配性	114830.8	27.18	1686.7	18.18	1642.3	17.48	-2.63	-0.70
生产性	183847.1	43.52	2472	26.65	2530.6	26.94	2.37	0.30
消费性	36042.2	8.53	496.3	5.35	493.8	5.26	-0.50	-0.09
公共性	87732	20.77	4622.4	49.82	4726.1	50.32	2.24	0.49

资料来源：依据《中国统计年鉴2019》数据整理计算所得。

表 5-4 中国第三产业中的二次产业与职业结构（单位：%）

	国家与社会管理者	经理人员	专业技术人员	办事人员	商业服务人员	工人	农业劳动者	其他人员
流通业	0.3	3.3	3.9	4.9	65.9	20.7	0.9	0.1
生产和生活服务业	1.1	3.7	22.8	10.4	39.9	18.6	3.3	0.2
科学文化和居民素质服务业	3.1	0.4	81.7	5.1	5.4	3.9	0.2	0.1
社会公共服务业	19.2	0.8	15.9	49.7	3.9	6.7	3.7	0.1

资料来源：全国人口普查，引自陆学艺：《当代中国社会流动》，社会科学文献出版社2004年版，第114页。

分析表5-3发现，从产值比重来看，我国分配性和生产性服务业最大，两者合计占到2/3，其次是公共性服务业，而消费性服务业最小。可见围绕生产是我国服务业发展的重要特征。与分配性服务业相比，生产性服务业产值略低，而就业却在增长，从发展趋势看，我国分配性服务业发展空间有限，但是生产性服务业潜力还很大。结合表5-4可见，流通业、生产和生活服务业中商业服务人员所占比重最大，而专业技术人员在生产和生活服务业，以及科学文化和居民素质服务业中比重最大，由此可以推知其技术密集型的特征。至于社会公共服务业，办事人员所占比例最多，其次是国家与社会管理者和专业技术人员。结合公共性服务业就业比重显著偏高，不难得知办事人员从业人数较多。综合来看，与发达国家相比，我国服务利益内部结构正处于调整多变阶段。生产性服务利益不仅是利益发展的方向，而且发展空间很大；分配性服务利益上升空间有限；社会公共性服务利益需要进一步提高效率；而消费性服务利益则需要推进。

三、深化现代服务利益的重要意义

服务利益内部非均衡发展的同时也是各种服务利益形式更替兴衰的过程。凯托兹恩（M. A. Katouzian）的三分类法就清晰地说明了这一点。在他看来，工业产品大规模消费阶段出现以后而快速增长的服务业，诸如教育、医疗、娱乐、文化和公共服务等可归为新兴服务业；工业化的"随生物"，如金融、交通、通讯和商业，可归为补充性服务业；而传统服务业则指其需求在工业化以前就广泛存在的，生产方式沿用的是"前资本主义生产方式"。[1] 当然，现实告诉我们，那些作为工业化"随生物"的补充性服务业大多以生产性服务业的身份获得了极大的发展，而许多传统服务业也获得了现代化的改造。现代服务业的概念也应运而生。[2]

此处，我们引用一份研究著作中的观点对"现代服务业"予以说明。"现代服务业"是指在工业化高度发展阶段产生的，主要依托电子信息等高技术和现代管理理念、经营方式和组织形式而发展起来的服务部门。它具有三新（新技术、新业态、新方式）和三高（高人力资本含量、高技术含量、高附加值）特征。它既包括新兴服务业，也包括技术改造和升级后的传统服务业，其本质是实现服务业的现代化。[3]

按照上述对"现代服务业"的理解，我们看到，金融、商贸、房地产、信息等与生产紧密相关的生产性服务业，教育、医疗、娱乐、文化等与生活

---

[1] 参见黄少军：《服务业与经济增长》，经济科学出版社2000年版，第147—149页。
[2] "现代服务业"的提法最早见于1997年9月中国共产党十五大报告中，此后在十五届五中全会和十六大报告中又提出要加快发展现代服务业，相关的研究也逐渐多了起来。
[3] 此段对"现代服务业"的描述说明引自周振华主编：《现代服务业发展研究》，上海社会科学院出版社2005年版，第3页。

紧密相关的消费性服务业均被纳入到现代服务业的概念中。依据利益的观点，我们同样可将以其为基础的服务利益称之为现代服务利益。那么，综合之前的论述，深化现代服务利益意义究竟如何？

第一，深化现代服务利益有利于推进生产方式变革和财富尺度变化。

与传统服务利益相比，现代服务利益的显著特征就是以高新技术和现代管理、经营和组织形式来革新和改造自身。这种特征大致是在工业化高度发展阶段产生的，先进的技术特点和运行方式，明显有利于经济利益主体谋利能力的提升。自然也意味着就资本主义而言，其现代服务利益的发展使以机器大工业为技术条件，以广泛而普遍的商品交换关系，以市场化的生产要素配置方式为社会条件的生产方式，得到了进一步的深化。而对实行社会主义制度的国家来说，服务利益发展中的一般规律，譬如建立在生产力发展基础上的现代服务利益，如果与具体的国情和发展阶段相结合并为自身所用，显然有利于推进生产方式的变革，使之无论在生产技术条件还是社会条件方面，能够发挥后发优势实现跨越式发展。这一点已经在当今服务经济中显现出来。进一步来看，现代服务利益在推进生产方式变革的过程中，一个突出的贡献就是对财富尺度的变化产生了重大影响。我们在前边章节的分析中曾提到，服务利益深化对财富尺度的影响在三个层面都有涉及，从劳动时间向自由时间的转变，使现代服务利益以高科技特征和科技服务内容为第二阶段财富尺度的形成和发展奠定了基础，同时又为第三阶段财富尺度所包容，成为财富尺度变化的中心利益线索。

第二，深化现代服务利益有利于生产性服务利益这一当前重要利益的增长。

在物质利益与服务利益的接口中，生产性服务利益有着重要的地位。它在当前服务经济中围绕生产展开，不仅有着最为紧密坚实的物质基础，物质生产的发展为其注入发展的动力，而且在利用先进技术和运营方式方面存在着天然的优势，因而成为各种服务利益中发展最快、最有效率的利益形式。现代服务利益"三新"和"三高"的特点，充分反映出生产性服务利益作为现代服务利益重要组成部分的内在要求。深化现代服务利益，很大程度上就是推进生产性服务利益这一当前重要服务利益的现代性。其结果不仅会强化自身利益的增长能力，而且也有利于其他产业的发展和结构的协调。因此，从这个意义上看，现代服务利益与生产性服务利益是高度一致的。

第三，深化现代服务利益有利于利益关系的紧密和谐和服务利益最大目标的实现。

现代服务利益中与生产紧密相关的生产性服务利益的发展，不仅催生出新的利益群体，而且使从前那些松散且被割裂的利益关系在依托于分工细密、技术先进、管理科学的社会化大生产后日益紧密，因此也意味着利益关系的和谐对于整体利益来说愈加重要。而与消费紧密相关的消费性服务利益的覆盖范围，已经从一小部分具有阶级特权和社会优势的利益群体发展到大众层面。这种新兴的现代服务利益的发展显然有利于利益群体和谐关系的建立。更为重要的是，现代服务利益一方面以其强劲的利益增长能力推进整体经济利益的发展，另一方面又为人的独立性和自由、全面的发展提供了比传统服务利益更加广阔的空间，这充分反映在消费的多元化、大众化，消费结构的改善和消费层次的提升，从而有利于为人的本质和自由全面的发展这一生产与消费最大利益目标的实现。

第三节 服务利益的空间差异

在考察服务利益部门差异的基础上，我们将继续深入探讨服务利益的空间差异。在此之前的论述事实上已经初步表明，部门与结构的演进与分化不仅在时间上延展，而且在空间中也以一定的方式不断拓展，由此强化了区域经济在空间中的差异，并推动生产空间与消费空间的进一步分离。在此过程中，生产关系和利益关系也体现出空间的特征。"空间不是自然性的，而是政治性的，空间乃是各种利益奋然角逐的产物。它是各种历史的、自然的元素浇铸而成的。空间从来不能脱离社会生产和社会实践过程而保有一种自主的地位,事实上,它是社会的产物"①,甚而生产不仅在空间中进行,空间本身也参与生产。可见,服务利益空间差异的内涵是丰富的。本节将在分析服务利益区域空间发展非均衡性的基础上,探讨利益空间的自觉调整,并以我国长三角为例进行实证考察。

一、服务利益区域空间发展的非均衡性

从分工引起的城乡分离和利益对立开始,经济利益就已经在较大范围内以不同深度在空间中展开,利益关系不单是分化的群体间的交往和联系,而且也在空间中发展并被打上了空间的烙印。分工越深入细密,利益群体越分化庞大,利益空间的角逐越激烈,利益的空间特征和空间分化越明显,其非均衡性也越突出。这一点已充分反映在人类城乡经济、农业经济与工业经济的发展中,也反映在发达区域与欠发达区域的共存发展中。特别是资本主义生产方式下高度发达的社会分工以及在第二章提到的企业网络分工,使生产过程的诸环节在空间中进一步分离,非均衡性与有序性交织在一起。总之,利益的非均衡是普遍的,历史变迁与空间绵延是其存在的形式。作为一种经济利益,服务利益的发展同样表现出非均衡的特征。就其内部结构而言,各种利益形式在不同的生产方式和生产力水平下表现出各不相同的发展水平和潜力。而作为分工产物的内部结构也同样在空间中拓展,并形成了一定的空间景观。

美国区域发展与规划专家弗里德曼(J. R. Friedmann)把经济增长的特征与经济发展的阶段联系起来,将区域经济发展依据工业化水平划分为四个阶段

---

① 汪民安:《空间生产的政治经济学》,载《国外理论动态》,2006 年第 1 期。"空间的生产"观点在法国学者列菲弗尔《空间的生产》一书中进行了系统的论述。他将空间植入了马克思主义经济学的分析中。

并对其空间特征进行了深入的研究。① 结果表明在不同的工业化阶段，空间组织的构架，包括核心（点、线）、经济网络和外围地等要素呈不同的状态，区域经济的要素流动状态、平衡状态及城市规模体系等方面同样存在差异。弗里德曼的研究针对区域经济的整体演变，然而却为服务利益区域空间研究提供了重要的思路。基于其研究成果，区域空间基本上历经低水平均质化、极核化、点轴化、均衡化、一体化的演进过程。其中在工业化中期阶段表现为区域空间组织构架、点轴系统形成，集聚因素作用强烈，区域不平衡扩大；而在工业化后期及后工业化阶段，区域空间组织构架、点轴系统进一步完善，等级差别缩小，集聚因素作用减弱，区域不平衡减小，区域组织以均衡化、网络化、等级规模合理化为特征等等。由此可见，结构演进与空间特征并非在经济发展过程的始终都能充分地彰显出来。当经济系统处于低水平运行时，要素流动及资源配置受到多种因素的制约，在没有任何外力打破系统平衡时，结构转化与升级缓慢，经济将在原有自发状态上徘徊，空间因素也难处于重要地位而受到相应的重视。随着经济系统优化及能量释放，结构演进加速并充分展开时，资源的要素配置与空间配置的关联性加强，由此要素空间配置的重要性才能充分显现出来。

事实上，上述资源的双配置也就是利益谋取扩大、关系建立形成的过程，而服务利益空间的拓展也遵循着这样的客观规律。已有的研究表明，服务业在空间上主要集中在大城市和中心区，不同服务业有着不同的空间分布特征。影响服务业空间分布和区位选择的原因主要在于要素集聚、市场集中、职能汇聚所产生的较大的规模经济、较强的外部经济、较少的不确定因素以及充分的信息、流动要素和密切联系与依赖所带来的诸多利益等等。就不同的服务业而言，流通性服务业和生活性服务业一般集聚在中心区并向周

---

① 弗里德曼所划分的四个阶段包括：前工业化阶段、中心—外围阶段Ⅰ（工业化初期阶段）、中心—外围阶段Ⅱ（工业化成熟阶段）和空间经济一体化阶段（后工业化阶段）。Friedmann, J. R. P., *A General Theory of Polarized Development In*: N. M. Hansen, *Growth Centers in Regional Economic Development*, New York: The Free Press, 1972. 详细译介可参见陈秀山、张可云编：《区域经济理论》，商务印书馆 2003 年版，第 209 页。

边地区辐射；生产性服务业则与地租支付及与中心区接近且费用最小化关系密切，同时与城市的发展历史及政治中心的空间移动也有很大关系，如一般保险和银行集中的城市大多是贸易港口，大公司总部和为企业提供信息、咨询服务的事务所大多布局在各大经济中心和政治中心；而科教文卫及为社会公共需要服务的部门则既要考虑各种设施的可能利用率，也要考虑所有公民都能均等地享受到公共服务设施的权利，即要进行效率与公平的权衡。[①] 可见，与各种服务业相应的服务利益不仅有着自身的空间归属，而且空间本身也成为利益创造和追逐的对象。不同的空间利益创造和实现的水平是不同的，这种非均衡性成为服务利益各种形式空间选择的动因，并且形成一定的相互依存的空间格局。

空间的利益性也驱动着利益主体的迁移和关系的调整。"空间的生产"因而不仅是对"空间""社会空间"的生产，而且也是在社会阶级的各个层面内部之间对不同"空间感""空间的心理印象"的生产，最终也是对一般生产关系的再生产。[②] 在城乡分离和利益群体分化的过程中，空间的利益性同样反映在不同利益群体对空间的选择、控制和定位上，这一过程体现出的非均衡性尤为明显。比如，美国的城市化过程中，城市的功能日趋多样，1870年以后，实行种族隔离的城市迅速发展起来，中心住的是穷人，周围一圈圈地住着日益富裕的人，社区的阶层分化开始变得显著起来。[③] 而服务业地理研究专家丹尼尔斯（Peter. W. Daniels）曾研究发现，在1960—1970年期间，美国的服务业从业人员大多集中在大城市和各个地区的中心城市。[④] 暂且排除种族隔离的因素，我们看到，服务利益群体集聚于城市空间，参与到城市化中，成为其中一支重要力量，但同时利益的分裂又使其随着生产空

---

① 代表性的研究参见张文忠：《大城市服务业区位理论及其实证研究》，载《地理研究》，1999年第3期。
② [英]大卫·哈维：《列菲弗尔与〈空间的生产〉》，黄晓龙译，载《国外理论动态》，2006年第1期。
③ 参见周晓虹：《全球中产阶级报告》，社会科学文献出版社2005年版，第111页。
④ P. W. Daniels, *Service Industries: Growth and Location*, New York: Cambridge University Press, 1982.

间与消费空间的分离而在空间中分化。由于利益主体本身对空间选择和控制的能力的差异而导致利益群体的空间归属的不同，从而可能增强其谋取利益的能力并强化差异。因此，各种服务利益形式空间选择的非均衡性虽依其性质和特征具有一定的客观性，但是它却不能回避在具体利益关系下对利益空间的角逐与控制的本质。

对于世界发达国家服务业区域和城市空间发展的实证研究并不少见，虽然研究重点有所不同，但是结论大多支持或偏向我们在以上论述中所提到的空间布局规律。科恩（Thomas J. Kirn）曾以区域经济为对象，空间维度为视角，细致比较研究了美国几个大都市的服务业部门的增长和变化。研究发现，在考察期内各服务业的结构愈相似，其服务活动区域分布的变化也愈集中在商业和专业性服务业以及金融、保险和房地产业，都与经济增长有着非常紧密的联系。[1] 这说明对于经济发达或处于相似水平的国家或地区而言，服务利益空间的变化大体有着相似性。以下我们重点以我国为例，并从东中西三大区域的划分来探讨服务利益区域空间发展的非均衡性。

按照东中西三大经济区域的划分，东部地区无论在 GDP 总量、均量或增速、二三产业比重、就业结构、对外贸易等方面均优于中西部，并且这种优势从东到西、从沿海到内陆呈梯次下降。统计显示，2006 年我国第三产业国内生产总值为 82972.0 亿元，其中东部地区占 57.9%，中部和西部各占 17.3% 和 16.8%。[2] 可见，东部地区既是我国经济增长的重心区域，也是服务利益的集聚区域。表 5-5-a 反映的是我国 2006 年东、中、西部地区城镇、农村居民家庭消费基本情况：

---

[1] Thomas J. Kirn, Growth and Change in the Service Sector of the U. S.: A Spatial Perspective, *Annals of the Association of American Geographers*, Vol. 77, No. 3 (Sep., 1987), pp. 353—372.

[2] 数据来源于《中国统计年鉴2007》。三大区域具体划分为：东部区域包括北京、天津、河北、辽宁、上海、江苏、浙江、福建、山东、广东、广西和海南；中部区域包括山西、内蒙古、吉林、黑龙江、安徽、江西、河南、湖北、湖南；西部地区包括重庆、四川、贵州、云南、西藏、陕西、甘肃、青海、宁夏、新疆；台湾、香港和澳门暂未划分到这些区域。

表 5-5-a 中国 2006 年东、中、西部地区城镇、农村居民家庭消费基本情况（单位：%）

	东部地区		中部地区		西部地区	
	城镇	农村	城镇	农村	城镇	农村
食品	34.61	40.52	37.23	44.98	36.91	46.51
衣着	8.92	5.75	12.12	5.99	10.90	5.75
居住	10.15	17.68	10.52	15.33	10.08	15.85
家庭设备用品及服务	5.79	4.69	5.79	4.54	6.14	4.35
交通通信	15.44	11.27	10.85	9.29	12.00	9.31
文教娱乐用品及服务	14.69	11.32	13.26	11.12	13.61	9.43
医疗保健	6.78	6.44	7.02	6.39	6.85	6.94
其他商品及服务	3.61	2.34	3.21	2.37	3.50	1.86

资料来源：依据《中国统计年鉴 2007》整理计算。

表 5-5-b 中国 2016—2018 年东、中、西部地区城镇、农村居民家庭消费基本情况

（单位：%）

	2016		2017		2018	
	城镇	农村	城镇	农村	城镇	农村
按消费类别划分						
1. 食品烟酒	29.30	32.24	28.64	31.18	27.72	30.07
2. 衣着	7.54	5.68	7.19	5.58	6.92	5.34
3. 居住	22.16	21.20	22.76	21.48	23.95	21.94
4. 生活用品及服务	6.18	5.88	6.24	5.79	6.24	5.94
5. 交通通信	13.75	13.42	13.59	13.78	13.30	13.94
6. 教育文化娱乐	11.43	10.57	11.64	10.69	11.39	10.74
7. 医疗保健	7.07	9.17	7.27	9.66	7.83	10.23
8. 其他用品及服务	2.58	1.84	2.67	1.83	2.63	1.80
按区域划分						
东部地区	31.42	31.32	31.56	31.40	31.67	31.44
中部地区	22.89	23.83	22.97	23.90	23.06	24.00
西部地区	22.67	20.04	22.75	20.21	22.77	20.35
东北地区	23.02	24.80	22.73	24.48	22.50	24.21

资料来源：依据《中国统计年鉴 2019》整理计算。

从上表可以看出，无论东部还是中部和西部，农村与城镇相比，在食品方面的消费比重都较高，而在服务方面的消费大多逊于城镇。但是就三大地区城镇与农村各自在服务上的消费进行比较，在交通通讯、医疗保健方面的消费比重差异已经发生了很大改观。这说明地区差异不平衡正在缩小，通达性和健康服务水平在不断提高。其次是文教娱乐用品及服务方面的消费差异，东部地区的消费比重也高于中部和西部。总体来看，就消费而言，我国服务利益区域空间呈现与经济发展整体水平一致的差异性表现。

表5-6是我国2006年服务业企业500强分地区主要指标结构构成：

表5-6　中国2006年服务业企业500强分地区主要指标结构构成　（单位:%）

地区	企业数	营业收入	资产总计	从业人数
东部	79.0	91.7	97.7	83.8
中部	12.6	5.7	1.5	11.0
西部	8.40	2.53	0.80	5.19

资料来源：依据《中国企业发展报告2006》数据整理计算

分析上表可见，东部地区500强服务业企业数占到将近4/5，从业人数以及营业收入、资产总计比重更高。而我国一些交通便利、信息和金融服务业发达的中心城市，如北京、上海、广州等逐步成为主要的企业管理控制中心以及大公司、大银行的总部所在地。2006年我国服务企业500强中，北京、江苏、广东、浙江、山东、上海6个省（直辖市）合计共291家，占58.2%。[①]

依据2019年发布的中国服务业企业500强来看，不仅规模大幅增长，特别是党的十八大以来，500强群体营业收入总额由20.48万亿元增加到37.63万亿元，并且已经连续4年超过制造业500强，同时行业表现出重大分化，传统贸易零售和交通运输等企业占比持续走低，互联网、金融和供应链等现代服务业企业快速崛起，服务业大企业内部产业结构持续优化。此外，企业

---

① 数据来源于中国企业联合会、中国企业家学会：《中国企业发展报告2006》，企业管理出版社2006年出版。

向少数区域不断集中，北上广三个城市所包含的中国服务业企业500强占全国的比重高达42.4%，广东有99家企业入围榜单，大幅超过其他省份，特别是民营企业入围数量不断增加数量近半。从这些数据和信息可以充分反映出我国服务利益区域空间非均衡性非常显著，发达地区和大都市、中心城市成为服务利益集聚的典型区域，同时服务利益内部结构也在发生明显变化。从这些数据可以充分反映出我国服务利益区域空间非均衡性非常显著，发达地区和大都市、中心城市成为服务利益集聚的典型区域。

二、服务利益空间的调整与布局：从自发到自觉

从服务利益区域空间发展的非均衡性分析中，我们不难看出，各种利益形式的空间特征与利益特性随着生产方式的发展、经济规模的扩张和利益体系的日益复杂庞大，越来越需要一定的前瞻引导和规划，需要将经济发展、产业结构演进与空间变化过程结合起来，将资源的要素配置与空间配置统一起来加以研究和决策，才能最大程度避免利益空间自发生成的盲目性以及由此导致的资源配置的低效与内耗，避免对利益空间角逐造成的利益冲突和利益失衡的现象，从而充分发挥利益主体对空间的控制和利用，这就是利益空间调整与布局从自发到自觉的过程。

针对服务利益，从城市的视野看，都市中心区成为利益创造的集聚区，特别是银行、保险、信息和设计等服务利益形式，具有随着城市发展和地价上涨向周边扩散的特征。若从区域经济更加广阔的视野来考察，区域的通达性和网络分工为各大产业的空间分离与定位创造了条件。此时的产业结构在空间中并非必然顺次演进，而各种服务利益形式则在其中发挥着关键的作用。分配性服务利益为区域通达性和分工打下基础，生产性服务利益成为区域经济空间扩展的核心和枢纽，而消费性服务利益和社会公共性服务利益则是利益实现、融通和提升的动力和指示器。如此形成的利益空间网络，将在更大范围实现要素的优化配置和差异互补，空间的自觉生产将创造更大的利益。

事实上，关于要素的空间配置和生产力布局，已经引起人们的高度重

视，并在决策中加以研究和考虑。微观层面涉及企业、公共设施以及消费区、生活区的选址和城市的规划；中观层面涉及区域增长极的分布和功能的定位；宏观层面则是从国家与国家乃至世界视野对相关问题的考察。而服务利益空间的调整和布局自然应该纳入其中。这种调整与布局的过程，实质上是利益关系调整和重新构建的过程，只不过不同地位和层次的利益群体利益控制和谋取的能力存在差异，从而在自发与自觉之间取得某种平衡。

目前从区域经济视野看，长三角、珠三角和京津冀环渤海湾城市群是我国发展水平最高、最具规划基础的三大区域经济圈。无论从服务业产值、从业人数还是服务企业的竞争力来看，都处于全国其他省市区域的前列，服务利益在这三大区域具备很好的发展条件和势头。我国学者陆大道曾指出，"点—轴系统"理论可以导致区域或国家的最佳发展，因而该系统是最有效的区域开发模式。根据对十多年来我国区域发展实践效果的分析，"T"型结构的战略对我国发展起到了巨大作用。[①] 而所谓的"T"型结构指的是以沿海地带和长江沿岸地带2个一级轴线所组成的基本框架。长三角位于两条轴线的交汇处，上海则为接点。自党的十六大提出了"加快发展现代服务业，提高第三产业在国民经济中的比重"的战略任务以来，各省市制定了各自的实施纲要。2005年，上海发布了《加速发展现代服务业实施纲要》，提出要大力发展现代服务业，构筑具有上海独特优势的产业群，进一步增强上海服务长江三角洲、服务长江流域、服务全国的能力，把上海建设成为国际经济、金融、贸易和航运的中心。可见我国服务利益区域空间的自觉构建有着较好的态势，其中尤以长三角为典型。

三、我国服务利益空间差异的实证分析：以长三角为例

为了从实证角度把服务利益部门和区域结合起来，进一步分析服务利益空间差异，我们选取长三角作为分析例证。之所以选择长三角，不仅因为它在我国"T"型结构发展战略中占据重要地位，更重要的是对于处于产业发

---

① 参见陆大道：《论区域的最佳结构与最佳发展——提出"点—轴系统"和"T"型结构以来的回顾与再分析》，载《地理学报》，2001年第2期。

展高端的服务利益形式，研究其结构演进与空间布局问题应该选取工业化、城市化发展较好，产业结构充分展开的地域进行。而作为我国三大经济圈的长三角，目前处于工业化的后期及后工业化阶段。①

统计显示，从1990年到2004年，长三角第一产业比重从15.8%下降到4.6%，下降了11.2个百分点，而第三产业则从27.2%上升到39.6%，上升了12.4个百分点，正处于第三产业总量与内部结构继续优化升级、二三产业并举的发展阶段。

我们将利用区位指数（LQ）和空间基尼系数（G）对长三角所属16市经济及基本单位普查资料进行分析。② 为了分析中概念使用清晰明了，以下我们均使用"服务业"的说法而非"服务利益"，但是这显然不影响分析的结论。因为服务利益范畴显然是涵盖服务业的。

所谓区位指数（LQ）表示一个地区特定产业的就业人数与该地区总就业人数之比，再除以包含该地区的研究区域中该产业就业人数与区域总就业人数之比，其计算公式为：

$$LQ = (L_{ij}/L_i) / (L_j/L) \tag{1}$$

公式（1）中 L_{ij} 表示 i 地区 j 产业的就业人数，L_i 表示 i 地区所有产业的就业人数，L_j 表示包含该地区的研究区域中 j 产业的就业人数，L 表示该区域的所有就业人数。LQ 大于1，表明该产业在该地区的专业化水平较高，超过区域水平，也意味着该产业在该地区相对集中，具有相对规模优势，发展较快。

至于空间基尼系数（G）即比较某个地区某一产业的就业人数占该产业总就业人数的比重，以及该地区全部就业人数占总就业人数的情况。其计算公式为：

$$G = \sum (L_{ij}/L_j - L_i/L)^2 \tag{2}$$

---

① 对于工业化阶段的判断参见陈佳贵等：《中国地区工业化进程的综合评价和特征分析》，载《经济研究》，2006年第6期。

② 相关就业和基本单位数据除镇江是利用第二次基本单位普查2001年数据外，其余各市均出自第一次经济普查资料2004年数据。虽然这在一定程度上会造成数据结果的偏差，但对分析结论基本没有影响。而长三角的概念有广义和狭义之分。广义长三角指的是江苏、浙江、上海两省一市；狭义的长三角统计范围包括进入《长江和珠三角及港澳统计年鉴》的上海、江苏的8个城市和浙江的7个城市共16个城市。

公式（2）中字母所代表的含义同公式（1）。空间基尼系数越高（最大值为1），表明集聚值越大，即产业在地理上愈加集中。①

（一）依据服务业单位行业分布的分析

表5-7是2004年长三角服务业单位行业分布前五位地区：

表5-7　2004年长三角服务业单位行业分布排序（单位：万个）

四类划分	排名前五位地区	细目	排名前五位地区
分配性	上海（17.8）、杭州（2.49）、苏州（1.99）、宁波（1.69）、南京（1.3）	a	上海（0.8）、杭州（0.2）、宁波（0.2）、苏州（0.17）、南京（0.1）
		c	上海（17.0）、杭州（2.29）、苏州（1.82）、宁波（1.5）、南京（1.2）
消费性	上海（3.3）、杭州（0.52）、宁波（0.34）、苏州（0.32）、南京（0.29）	d	上海（1.0）、杭州（0.25）、宁波（0.14）、苏州（0.12）、南京（0.11）
		j	上海（1.8）、苏州（0.14）、杭州（0.14）、南京（0.11）、宁波（0.1）
		m	上海（0.5）、杭州（0.13）、宁波（0.1）、南京（0.07）、苏州（0.06）
生产性	上海（9.3）、杭州（1.65）、苏州（1.07）、南京（0.88）、宁波（0.85）	b	上海（1.1）、杭州（0.23）、南京（0.13）、苏州（0.1）、宁波（0.1）
		e	上海（0.4）、杭州（0.22）、苏州（0.22）、宁波（0.13）、台州（0.1）
		f	上海（1.8）、苏州（0.25）、杭州（0.24）、南京（0.16）、宁波（0.14）
		g	上海（4.7）、杭州（0.63）、南京（0.4）、苏州（0.39）、宁波（0.37）
		h	上海（1.3）、杭州（0.33）、南京（0.18）、苏州（0.11）、宁波（0.11）

---

① 克鲁格曼曾用空间基尼系数（spatial Gini coefficient）来测定美国制造业集聚程度。但是有的经济学家对此提出质疑，认为空间基尼系数没有考虑到企业规模的差异，因此在测度产业集聚或地理集中程度时存在虚假成分。本书考虑到我国长三角地区企业规模并不存在巨大差异的情况，因此没有使用艾利森和格莱赛（1997）提出的集聚指数来测定产业的地理集中程度。参见罗勇、曹丽莉：《中国制造业集聚程度变动趋势实证研究》，载《经济研究》，2005年第8期。

续表

四类划分	排名前五位地区	细目	排名前五位地区
社会公共性	上海（2.4）、杭州（1.52）、宁波（1.28）、台州（1.26）、南通（0.96）	i	上海（0.2）、杭州（0.07）、苏州（0.06）、宁波（0.05）、南京（0.04）
		k	上海（0.6）、杭州（0.29）、宁波（0.22）、南通（0.19）、南京（0.14）
		l	上海（0.3）、宁波（0.25）、杭州（0.23）、南通（0.17）、扬州（0.13）
		n	上海（1.3）、杭州（0.93）、宁波（0.76）、南通（0.57）、苏州（0.51）

注：1. 资料来源见本章注释 P173 注②，依据该资料整理所得，以下表格资料来源均同。

2. 除南京、无锡、常州、泰州及镇江数据为法人单位外，其余均为产业活动单位。

3. 具体服务业分类分别用表中细目中的字母代替，含义见表 5-3 注。

分析该表可以发现：(1) 对于四大类服务业而言，除社会公共性服务业外，上海、杭州、南京、宁波及苏州的服务业单位数量居于 16 城市前五位，而上海的服务业单位数远远超过其他城市，其中分配性服务业单位数最多，生产性位居其次，之后是消费性和社会公共性服务业。(2) 从服务业各行业来看，上海均遥遥领先。其中批发和零售业单位数最多，其次是租赁和商务服务业，房地产业、居民服务和其他服务业紧随其后。(3) 杭州的服务业单位数从总体上位居上海之后，宁波排名大都紧随杭州，而苏州排名也大都紧挨南京。由此可见，服务业单位基本集中在特大城市、省会中心城市、经济中心城市和计划单列市，其中尤以分配性服务业最为突出，其次是生产性服务业及消费性服务业和社会公共性服务业。

服务业部门如上所述的分布特征正是区域经济空间变化的反映。服务业单位集中到区域经济的极核上是经济规律作用使然。对于分配性服务业以多于其他服务业部门较大的数量集中于极核的情况，不仅充分说明该服务业部门在结构演进阶段的先期性以及在形成点轴开发过程中的重要作用，同时表明即使在区域经济向一体化阶段演进的进程中，分配性服务业有减弱的趋向，然而其对于区域整体产业分工、生产力布局的实现依然具有重要意义。而对于生产性服务业，特别是知识和技术密集型更加突出的生产性服务行业，对极核规模和等级要求更高，原因在于其占据产业高端，是产业经济发展的中枢，是动力与利润来源。由此决定生产性服务业应处于支配性的极核点。对于消费性和社会公共性服务业而言，除了需考虑服务的效率，甚至还有享有服务的公平与便利，但是其依托于消费主体的空间存在，因而在区域核心上分布是集中的。

（二）依据服务业从业人员行业分布的分析

从业单位行业分布可以在一定程度上反映出服务业各部门的区域分布状况，但是难以显示出其发展状况与空间集中程度。因此以下将利用就业方面的资料对长三角服务业产业相对优势和空间集中状况展开研究。表5-8是利用区位指数计算的长三角服务业区位指数：

表5-8 长三角服务业区位指数

排序	1	2	3	4
上海	生产性（1.34）	分配性（1.08）	消费性（0.88）	社会公共性（0.63）
南京	社会公共性（1.18）	生产性（1.08）	分配性（0.87）	消费性（0.86）
苏州	消费性（1.69）	分配性（1.28）	社会公共性（0.68）	生产性（0.55）
无锡	社会公共性（1.45）	分配性（0.87）	生产性（0.82）	消费性（0.79）
常州	消费性（1.50）	分配性（1.37）	社会公共性（0.79）	生产性（0.39）
镇江	消费性（2.21）	分配性（1.04）	社会公共性（0.88）	生产性（0.41）
南通	社会公共性（1.89）	分配性（0.76）	生产性（0.72）	消费性（0.42）
扬州	消费性（1.51）	分配性（1.25）	社会公共性（0.95）	生产性（0.40）
泰州	社会公共性（1.92）	生产性（0.90）	分配性（0.61）	消费性（0.45）
杭州	生产性（1.17）	社会公共性（1.22）	消费性0.92）	分配性（0.76）
宁波	社会公共性（1.39）	生产性（0.90）	分配性（0.86）	消费性（0.81）
嘉兴	社会公共性（1.62）	生产性（0.99）	分配性（0.70）	消费性（0.62）
湖州	社会公共性（1.90）	生产性（0.91）	消费性（0.59）	分配性（0.57）
绍兴	社会公共性（1.83）	生产性（0.79）	分配性（0.67）	消费性（0.66）
舟山	社会公共性（1.45）	分配性（0.92）	生产性（0.80）	消费性（0.71）
台州	社会公共性（2.00）	生产性（0.76）	消费性（0.65）	分配性（0.58）

由上表可见：(1) 只有上海和杭州生产性服务业区位指数排在首位，南京的生产性区位指数虽然位列于社会公共性服务业区位指数之后，但是其值在第二列中最高，且超过 1，因此，可以认为上述三大城市是生产性服务业的三个相对集中，具有规模优势的地区。(2) 社会公共性服务业在四大分类中的地区比较优势相对明显，区位指数大都处于前列，且主要为浙江 7 市。(3) 分配性服务业区位指数在江苏省各市较大，表明江苏省在分配性服务业方面具有比较优势，而消费性服务业区位指数排名分布，江苏整体要优于浙江。因此，虽然在服务业从业单位上分配性服务业占据多数，然而从产业优势上考察却是生产性服务业，并集中于特大城市和省会中心城市，这符合长三角现实的经济发展水平和服务业内部结构的演进趋势。此外还可以看出，优势服务业部门的空间分布在区域上是连续有序而非杂乱的，这进一步证明经济发展过程中的集中与扩散效应对于服务业部门的形成和发展同样起着重要作用。

除了用区位指数进行比较优势分析外，表 5-9 是用空间基尼系数计算的结果：

表 5-9 长三角服务业空间基尼系数

分配性		消费性			生产性				社会公共性			
0.0031		0.0097			0.0217				0.0254			
a	c	d	j	m	b	e	f	g	h	i	k	l	n
0.0028	0.0054	0.0092	0.0299	0.0297	0.1122	0.0169	0.0239	0.0311	0.0209	0.0065	0.0221	0.0151	0.0431
14	13	11	4	5	1	9	6	3	8	12	7	10	2

注：表中最后一行为排序结果。

分析上表可见，在整个长三角区域，服务业地理集中度最高的是社会公共性服务业，紧随其后的是生产性服务业，消费性服务业与分配性服务业次之。从服务业具体行业来看，生产性服务业中的信息传输、计算机服务和软件业地理集中度最高，其次是社会公共性服务业中的公共管理和社会组织，租赁和商务服务业排名第三。前三位中有两位是生产性服务业，且属于技术密集型和较高盈利性质的行业，符合地租理论中距离摩擦费用最小的空间定位原则；而公共管理和社会组织的空间集中可以从中心地理论中获得支持。这一结果充分说明服务业的性质和技术特点对于空间布局的重要影响。虽然分配性服务业从业单位数在具体城市中占据优势，但是从区域角度分析，空间集中程度最高的服务行业却属于生产性服务业，而分配性服务业的空间集中程度则排在四大类服务业最后。因此，从业单位的集中状况并不能充分反映服务业各部门的优势和集聚程度。在区域经济进入到工业化后期及后工业化阶段，均衡化、网络化的区域组织特征充分显现时，分配性服务业的发展空间受到了限制，而生产性服务业则更体现出其知识和技术密集型的特征，集中布局在对区域经济发展有着重大影响的战略极核上。此时，部门优势与空间集中程度取得了内在的一致性。

为了反映服务业各行业在不同城市的地理集中度，我们计算出如表5-10所示的结果。①

表 5-10　长三角服务业空间集中程度排序

按四大类划分	细目	排名前五位地区
分配性	a	苏州、上海、舟山、南京、绍兴
	c	苏州、上海、杭州、常州、南京
消费性	d	苏州、上海、杭州、南通、常州
	j	苏州、扬州、杭州、常州、南京
	m	上海、苏州、常州、无锡、扬州
按四大类划分	细目	排名前五位地区
生产性	b	上海、苏州、常州、扬州、宁波
	e	上海、苏州、杭州、南通、常州
	f	上海、扬州、苏州、常州、南通
	g	上海、苏州、常州、扬州、无锡
	h	上海、苏州、杭州、南京、常州

---

① 该结果利用空间基尼系数公式，计算 $\varphi = (L_{ij}/L_j - L_i/L)^2/G$，即不同区域对于空间基尼系数的贡献度来度量各地区的空间集中程度。

续表

按四大类划分	细目	排名前五位地区
社会公共性	i	上海、杭州、常州、南京、宁波
	k	上海、南通、苏州、南京、台州
	l	上海、苏州、南通、台州、泰州
	n	上海、台州、苏州、宁波、绍兴

分析上表，并结合各城市空间地理位置，我们发现服务业各行业空间地理集中主要呈雁阵及点线状朝长三角腹地减弱。其中生产性、社会公共性及分配性服务业以上海为前锋，分别向苏西北及浙西南延伸，呈雁阵状，而消费性服务业则以城市为点，连接成线的点线状向苏西北发展。这种空间集中程度的分布格局进一步印证了服务业空间布局的展开要以区域经济空间组织构架的形成和发展为依托，同时构建区域的多核发展无疑会改变服务业空间集中状况。因此必须大力推进区域工业化水平，自觉运用区域发展的空间规律来促进服务业快速健康地发展。

通过对长三角服务业结构及空间布局的研究，我们发现，对于一般的经济体系而言，服务利益内部结构的演进，在经济发展到一定阶段将会在空间中展现出来，充分体现出服务利益作为一种"黏合利益"的作用。这种展开伴随着结构演进的过程，因此按照四大类划分的服务利益，也并非平行发展和在空间中均质存在的。生产性服务利益以其特殊的属性和独特的功能，指引着服务利益内部结构演进的方向，在空间中则占据增长的重心和核心而产生广泛的影响；分配性服务利益则在时空联系日益通畅的信息经济社会里发展潜力有限，但其依然有着重要的空间位置，占据着多核区域的中心；消费性和社会公共性服务利益在谋求福利提升的社会里有着稳步增长的空间，在布局上则有着满足需求客体而相对集中的趋势。具体到长三角，服务利益内部结构层次上表现出以上海为龙头或增长极、省会城市和中心经济城市紧随其后的态势，在空间上则呈现出不同层次都市圈构成的雁阵、点线布局，其产业优势和空间地理集中程度也有差异性表现。这充分表明在经济达到一定水平时，从自发的产业结构演进、区位分布到自觉的生产力布局和重视对资源的空间配置显得愈加重要。

第四节　结　论

本章通过深入分析服务利益内部各种利益形式的部门差异从而过渡到空间差异，进一步将对服务利益的认识从时间导向空间，从而获得一定时空范围内的较为完整深入的理解。这说明，单从价值角度考察服务，难以反映其空间特性，而该范畴具有明显的优势。

分析表明，各种服务利益的形成和发展以非均衡的方式共存于利益体系内，并在不同的经济发展水平表现出差异性的发展态势和相互关系。而非均衡本身表明服务利益发展的客观性，同时也指出了利益的发展方向。在各种利益形式中，围绕生产展开的生产性服务利益和围绕消费进行的消费性服务利益或称新兴服务利益共同构成现代服务利益。深化现代服务利益有利于推进生产方式变革和财富尺度变化，有利于生产性服务利益这一当前重要利益的增长以及利益关系的紧密和谐与服务利益最大目标的实现，它成为当前服务利益发展的中心。

而服务利益发展的非均衡性还表现在空间上。服务利益不仅存在于一定的空间中，而且空间本身已成为利益角逐的对象。通过分析我们看到，无论从城市还是更广阔的区域看，各种服务利益形式均有其一定的空间定位，相应的利益群体也在壮大中出现空间分化。在此过程中，不仅有客观的利益生成导向的定位因素，而且也有利益主体对利益空间控制能力的因素。因此，服务利益空间的调整和布局实质是利益关系的调整，而利益主体的自觉意识随着经济发展在资源的要素配置和空间配置的作用也日益突显。以我国长三角为例的分析表明，服务利益结构演进和空间布局有着紧密的关系。事实上这也为我们从更广阔的视野研究服务利益打下了基础。

第六章

服务利益的延伸：从封闭经济到开放条件

服务利益的历史变迁和空间绵延随着社会经济的发展而发展。从利益的本性来看，它是不断上升而且无限发展的。这就表明，虽然在特定的时空范围内对服务利益的考察是在一定条件下开展研究的需要，由此能够最大程度地避免"泛时空论"的失误，但是如若僵化于所考察的具体时空而不能用更开阔的视野去深化研究和认识，那么同样难免有所偏误。

富克斯（Victor. R. Fuchs）对于"服务经济"社会已经在美国来临的判断用意并非只在美国。二战后的世界整体上来说已是一个普遍繁荣和建立普遍并且更加紧密联系的世界。国际贸易和投资的迅猛发展成为其中最为显著的特征之一。因此，作为世界经济头号强国的美国，事实上揭开并引领着其他国家步入富克斯笔下的"服务经济"社会。从这一点来看，服务利益的发展就不是也不应该是被局限于封闭时空范围内的孤立的经济现象。

服务利益不断上升和无限发展的本性意味着不仅利益体系本身是开放的，并且需要将其置于开放条件下才能更好地体现并发挥其本性。因此，从封闭经济到开放条件的探讨，无论从理论还是现实来说，都是顺理成章的。这也是本书围绕服务利益进行的第三层面的研究。

前述章节的研究虽然已经涉及不同国家和特定区域，但仍然是在封闭经济中讨论。在本章的分析中，我们首先探讨服务利益从封闭到开放过渡的内在基础，并将分析的视野放在经济全球化的背景下，然后集中考察服务利益与服务贸易的关系。

第一节　从封闭到开放，服务利益何以实现

封闭经济一般是指经济体与外界没有或者几乎没有任何经济联系。在经济学研究中，通常以是否有进出口贸易作为判断封闭还是开放的标准。因此，与封闭经济相反，开放经济是包含对外贸易的经济。不仅如此，资本可以跨国流动，利率、汇率及物价水平也会或多或少受到国外经济的影响。从封闭到开放，意味着获取利益的空间和途径都将扩大。那么，服务利益在开放条件下得以实现的动因和基础又如何呢？以下我们将回到构成服务利益理论与现实基础的三个基本范畴——需要、分工及劳动，继续深入剖析服务利益从封闭到开放的延伸。

一、需要满足的空间拓展

在第二章我们曾分析到，形成利益的需要是无限丰富发展的通过劳动实践不断得以满足的人的需要。而在人类需要上升和拓展的过程中，社会需要和必要的范围和种类随着生产力和生产方式的进步不断扩大，这也意味着需要的全面性在不断突破个体劳动对需要满足的片面性，推动了社会需要进行生产和交换的发展，需要群体的覆盖范围也日益广阔。服务利益正是在这种上升和拓展的过程中实现从非物质利益向自身的飞跃，并且部门种类和空间特征也逐渐充分展开。

进一步深究，上述"全面性"对于"片面性"的突破不仅仅是需要的范围和种类的扩大，它必然涉及到通过何种方式与渠道来满足利益主体不断丰富发展的需要，换言之，就是利益的来源问题。除了自行进行利益创造来满足自身需要外，更普遍的形式便是通过交换，而交换必然发生在一定的空间范围内，这便逐渐形成市场。因此，需要的满足本身就包含着空间的含义，这同利益的空间性是一致的。

就服务利益在形成阶段，我们将其称之为非物质利益，显著的特征是其

长期处于经济体封闭落后的环境之中,因此,在生产力水平并不发达的情况下,非物质利益主要存在于社会再生产的过程之外。这表明,非物质利益虽然必要,但却远离生产,因而它并不能对生产的发展施以重要的影响,相反在某些情况下可能成为阻碍生产发展因素,这就使其自身受制于生产的能力与范围,所涉空间范围也必定是有限的。由此可见,构成非物质利益基础的需要,其空间性受束缚而尚处于萌芽状态。其实就古代的商业来说,虽然在表面上跨越较广阔的空间,成为满足需要的重要途径,但却是以生产的落后和隔绝为基础的,并且受制于交通运输等多种因素。随着社会生产的发展,这种商业形式、商业民族逐渐衰落,并为资本主义商业所代替。

在资本主义,准确地说在资本主义进入"服务经济"社会阶段,服务利益逐步确立,而形成其基础的需要不再被排除于社会再生产过程之外,而是围绕社会再生产,并在生产过程内外、经济循环的各个环节都表现出来。服务不仅成为需要的对象,而且成为需要实现的途径和手段。此时需要的空间性质以生产力的高度发展为基础,并被广泛的社会联系所激发,意识中的需要与现实需要的满足被有效地结合起来,交换范围随之扩大,地区、国内有限而封闭的市场难以容纳生产、交换以及消费等各方面的需要,由此突破封闭市场进而将需要的满足扩展到世界范围就成为自然的事情了。

在马克思看来,世界市场的形成是资本本性的使然,即资本对剩余价值的无止境追求赋予其扩张的冲动,并越过国家的界限走向整个世界。那么,作为利益基础的需要必然是世界性的,作为能够带来剩余利益的一种经济利益形式——服务利益也必然是世界性的。世界性也意味着开放性,意味着在世界各地更广阔的空间范围内建立联系,情愿不情愿,这都是客观的。只不过相对于物质需要与物质利益而言,服务需要及服务利益的实现更加复杂,障碍更多。这些问题我们将在稍后分析。

总之,需要满足的空间拓展本身表明人类在人化世界中生存和发展能力的提升,体现出其自身利益的发展水平。这是一个不断突破需要封闭状态,并将需要实现导向更广阔范围的过程,而服务需要的扩展则成为服务利益延伸的基础。

二、国际分工的深化

满足需要的空间拓展与世界市场的形成，显然与分工在国际范围内的延伸有着密切关系。超越国家界限的国与国以及国家与地区之间的国际分工是国际交换与世界市场形成的基础条件，而其本身的形成和发展随着生产力的进步，也经历了漫长的历史过程。从起初并不发达的社会分工和地域分工发展到资本主义时期宗主国与殖民地的垂直分工，再到更广阔范围内不同制度和发展水平的国家相继被卷入世界生产体系中，国际分工历经诸多变化。空间范围的不断拓展，交换商品的日益丰富成为国际分工深化的表现。从利益的视野看，分工是需要体系与利益体系形成的条件。因而，国际分工的发展和深化也就必然推动需要体系和利益体系的发展和深化，并且利益关系也从地区、国家内部扩展到整个世界，国际经济秩序就是国际分工条件下的利益关系的反映。

利益关系的空间延伸为服务利益空间扩展提供了通路。然而空间范围越广，制约影响分工水平、模式以及利益关系的因素就越多而且越复杂，也就意味着长期被束缚。而并非占据经济利益重要地位的非物质利益在空间内大范围延伸则愈困难。而来自自然与社会两方面因素的影响、制约与较量始终伴随着人类利益空间的发展。只有当生产力的进步使得自然条件的因素对于分工条件下的利益空间拓展的意义大大降低时，社会方面的诸因素的影响才有条件充分显现出来。那时的利益空间才真正体现人的本质力量，是归属人类利益的空间。非物质利益才有可能摆脱物质利益在利益空间中的束缚，发展到服务利益的形态，并向着为人服务的利益方向靠拢。

从国际分工所交换商品看，除了宗主国和殖民地之间通过超经济强制掠夺形成的垂直分工和不平等交换外，交换的商品逐步由满足地主贵族等代表统治阶级利益的奢侈品发展到普通必需等大宗商品，反映出物质利益向人类共同利益方向迈进的趋势。而二战后国际分工呈现出的新特征，则将利益体系推向了新的高度。这些特征主要包括：第一，超经济的强制分工瓦解，利益关系在国际间的尖锐对抗在一定程度有所缓和，广大发展中和不发达国家为建立新的国际经济秩序而持续抗争，区域及国际协调合作突显；第二，国际分工的知识、技术基础更加突出，水平型国际分工以及产业内、产品内国际分工或网络分工兴起，发达国家之间的国际分工居于主导地位，跨国公司成为国际分工的重要实体；第三，服务业大规模进入国际分工，国际服务分工成为国际分工的新领域，为国际分工的发展注入了新的动力。上述特征无疑是国际分工深化的具体表现。进一步深究不难发现，在国际分工所推动的利益体系逐渐向非对抗型、合作型和互利型方向发展的过程中，分工条件下各个利益环节的充分展开与紧密关联使利益体系内部各种利益形式更加有机地融合交织在一起，利益结构愈加平衡合理，并有条件进一步在国际范围内进行利益空间的生产，而服务利益就是这一过程自然发展的结果。

然而并非所有服务利益形式都已经或有条件融入到不断深化的国际分工中。目前生产的全球化是国际分工的主题，而消费的全球化依然为生产所包围，并受制于自然地理、经济文化以及政治制度等多种因素的较强的制约，处于发展的初始阶段。因此，各种服务利益形式在国际范围内同样表现出非均衡的发展态势，其中尤以生产性服务利益的发展最为引人瞩目。而在技术和知识为基础的国际分工中，发达国家又往往占据优势，这就决定其拥有同样以知识和技术密集型为特征的生产性服务利益的控制权，成为国际服务分工利益的主导者。

三、服务劳动范围的延伸

我们知道，需要、分工与劳动三大体系是一致的。劳动是需要与分工现实的落脚点和基础，是服务利益实现的手段。服务劳动随着劳动体系的扩展成为利益创造和追求的重要形式，其内部结构与空间定位则依托于分工的水平和范围。因此，需要满足的空间拓展与分工的深化为服务劳动范围的延伸提供了动力和通路，服务利益才可能不断突破利益实现过程中自身体系的边界，扩张体系的结构和空间范围，从而与外界发生更紧密的联系，使利益体系从封闭逐步走向开放。

事实上，前述提到的"需要的全面性在不断突破个体劳动对需要满足的片面性"已经表明,个体劳动既是社会劳动的组成部分,同时又与社会劳动相对立。换言之,在商品经济而非自然经济高度发达的社会里,个体劳动淹没于社会劳动的汪洋大海中,要实现个别利益,就必须关注并实现社会利益。因此所谓的"全面性"与"片面性"其实反映的是利益体系的内在关联性,利益组成部分的不可分割性和整体性。由此,作为社会劳动的服务劳动,不仅因为共同劳动与共同利益成为利益实现的重要基础和手段,而且这种共同劳动与共同利益随着分工范围和更广阔联系的建立而不断突破共同利益体系的边界,服务劳动与服务利益因此有着范围延伸和扩张的条件和环境。

具体到服务劳动的主体,他们既作为服务利益的创造者成为生产力中积极能动的因素,同时又作为利益及服务利益的追求者和最终归宿而形成一定的生产关系。在需要满足的空间拓展中,虽然受制于诸多条件,但是作为能动生产力因素的服务劳动主体并非始终是固定的,他将在各种因素,尤其是利益的驱动下活跃于不断拓展的空间中,使这种空间的移动更符合利益创造和利益实现的目的,由此也使生产关系处于扩张变动的状态中。因此利益主体活动范围的扩展同样可以作为服务劳动延伸的一种重要表现。

在第二章中我们曾详细地分析过服务劳动发展过程中经济利益的历史变迁问题,特别针对资本主义社会形态进行了剖析。从分析中可以看到,在资本主义阶段,服务劳动服从于资本主义生产方式的目的,从而能够打破物质劳动的束缚和制约,加入到创造资本主义财富的活动中。而资本的本性就是运动扩张的,由此决定了服务劳动将在资本主义这种生产方式下以更强劲之势突破获取利益的一切时空限制,将自身置于开放的状态中,这也就意味着服务利益在资本主义生产方式下必定发展成为一种开放的利益。而这种开放的利益在人类历史发展的过程中也必然将突破资本主义界限,成为世界各国以及更广阔利益群体所享有的普遍利益。

归纳起来,作为服务利益形成的三个重要现实和理论基础,包括需要、分工与劳动,其体系的上升规律和发展规律决定了各自体系的发展是一个运动、开放、不断突破封闭和自我限制的过程,由此才有人类社会的前进。这也就决定了服务利益从封闭向开放的发展是客观必然的。

第二节 服务利益的全球化

国际分工的发展、世界市场的形成使商品、服务的交换以及各种资源要素的流动在全世界可以带来利益的地方全面展开，同时无论微观还是宏观的各个层次利益主体在全球范围内相互协调、相互依赖不断加强，融合形成难以分割的利益整体，所有这些已经勾画出当今世界经济发展的最显著特征——经济全球化。而身处全球化浪潮并从封闭走向开放的服务利益，显然是全球化的一部分，经济全球化从根本上来说是经济利益的全球化，它为利益的创造、交换、分配和消费以及利益关系的调整提供了更多的途径和更广阔的空间。因此，认识开放条件下的服务利益，有必要研究服务利益的全球化问题。

到目前为止，国内外对经济全球化进行了不同角度广泛而深入的研究。运用马克思主义经济学范畴进行分析是其中的一个重要方面。有研究指出，应该从总体上并在发展中把握经济全球化，它属于历史范畴，是一个主观的过程，也是一种客观的趋势，并具有自然和社会的双重属性。① 这种对经济全球化的认识于我们理解服务利益的全球化具有启发意义。

一、以发达国家为主导的利益关系的扩张

当今世界的经济利益关系无疑为发达国家所主导。而考察这种主导地位乃至利益关系的扩张我们同样需要具备历史的视野。在本书第二章中我们看到，与前资本主义相比，正是在资本主义时代，基于高度发达的生产力，充

---

① 自然属性反映人与自然的关系，也就是经济全球化在一定的生产力水平下产生，并能够促进社会生产力发展的性质。社会属性体现经济全球化下人与人、地区与地区、国家与国家之间的经济关系。参见赵景峰：《经济全球化的马克思主义经济学分析》，人民出版社2006年版，第146—150页。

第六章 服务利益的延伸：从封闭经济到开放条件

分发展的商品经济以及不断深化的分工，使得服务利益在快速膨胀的经济利益中脱胎出来。那么，沿着历史发展的线索，不难发现，"其中每一代都在前一代所达到的基础上继续发展前一代的工业和交往方式，并随着需要的改变而改变它的社会制度。"① 那么当今世界经济中利益关系，特别是发达国家主导的利益关系同样展开于已经建立起来的利益关系的基础之上。

马克思、恩格斯指出："一切产品和活动转化为交换价值，既要以生产中人的（历史的）一切固定的依赖关系的解体为前提，又要以生产者互相间的全面的依赖为前提"。② 因此，现实利益关系的扩张不断地将游离于其外的利益关系纳入到自身利益体系中，并使一切符合要求的利益关系为该体系的扩张服务。从这点上来看，服务利益自然应该加入并成为以发达国家为主导的利益关系扩张的重要组成部分。

而马克思在分析资本主义时，论述得更为深刻透彻。他认为资本主义在本质上是全球的，"资本一方面要力求摧毁交往即交换的一切地方限制，夺得整个地球作为它的市场，另一方面，它又力求用时间去消灭空间，就是说，把商品从一个地方转移到另一个地方所花费的时间缩减到最低限度"。③ 这一论述，无疑有利于我们理解全球化的利益关系如何用时间更加彻底地消灭空间，在全球范围内进行资源的要素配置与空间配置，并且将一切民族卷入到相关的利益体系中，由此创造出更广阔的利益空间。从中我们不难发现，其一，原处于利益关系优势地位的群体在扩张中得以延续，利益分化中的"中心"与"外围"的差距可能愈加明显；其二，对于利益体系的考察不应仍限于局部范围，而应放眼于全球，由此对其特征与矛盾或许会有更加深入而全新的认识；其三，除了物质利益之外，服务利益成为资本主义利益关系中非常重要的利益形式，关于它在发达资本主义国家确立、兴起的意义我们曾在第三章作过专门的分析，而其在全球化中的表现则是我们以下重点分析的内容。

---

① 《马克思恩格斯全集》第 3 卷，人民出版社 1960 年版，第 48—49 页。
② 《马克思恩格斯全集》第 46 卷上册，人民出版社 1979 年版，第 102 页。
③ 《马克思恩格斯全集》第 46 卷下册，人民出版社 1979 年版，第 33 页。

二、服务利益全球化的表现

从全球视野看，广泛而稳定的服务利益供求关系在发达国家已经形成，并且随着全球化的浪潮扩展到了世界范围，以普遍存在的利益联系和空间上集聚、利益上集中、权力上控制、分享上占优的特点推动着人类生产方式在利益层面的全面深化，其全球化的表现大致有以下几个方面：

（一）以全球范围内的自由竞争为动力，服务利益成为利益全球化中强势利益群体占据利益空间中心地带、支配与发展的重要利益形式。有学者指出，当代资本主义经济的基本特征是全球性与自由性。[1] 关于"全球性"我们已做过一定的分析；就"自由性"而言，全球化正推动着资本主义从国家垄断向全球范围内的"自由竞争"迈进，并且在新自由主义思潮的影响下，"自由"与"竞争"成为世界范围利益发展的主导倾向。[2] 这种"垄断"与"自由"在不同时空范围内辩证否定的过程，也是利益体系变动而构筑新的利益空间秩序的过程。然而所谓的"自由"与"竞争"是相对的。既然以发达国家为主导的利益关系的扩张带有必然性和一定的强制性，那么"自由竞争"的动力也并非是泛化的，它往往更有利于已经适应并主动要求推行"自由竞争"的利益集团。当然，无论从何种角度出发予以评价，这种动力客观上是利益关系重构的基础和所需的力量。

那么，在利益空间秩序于全球范围内重新建构的过程中，强势利益群体有控制关键利益环节、占据有利利益生产空间的冲动和能力。通过前述分析，我们知道，服务利益遍及生产、生活以及经济循环的各个部门与环节，它的形成、发展以及作为"黏合利益"，离不开"自由"对固有经济利益关系的"松绑"以及"竞争"对整个经济利益体系的"激活"，更为重要的

---

[1] 参见韦定广：《资本主义的最高阶段是"全球自由资本主义"——兼与高放教授商榷》，载《社会科学》，2005年第9期。

[2] 关于全球化中新自由主义的研究可参见陈银娥、胡卿卿：《经济全球化中的新自由主义》，载吴易风等主编：《经济全球化与新自由主义思潮》，中国经济出版社2005年版，第63—72页。

是，服务利益不仅是普遍的，而且也具有关键利益的特征并且是利益链条的关键环节，比如掌控研发、管理以及信息流、资金流和商品流等环节的战略决策部署。因此，它成为自由竞争经济环境中强势利益群体极为重视和发展的利益形式。此外，在区域经济中，各种服务利益形式有着客观的利益空间定位，而在全球化过程中的利益最大化目标推动下，基于已经形成的利益空间关系，服务利益显然应该占据"中心"的中心与"外围"的中心，并且沟通中心以及外围之间的联系，从而构成微观集聚，宏观层级式、网络型发展的服务利益空间模式。而对于处于弱势、外围的利益集团来说，一旦纳入到该利益网络体系中，就需要充分利用其中的优势，逐步从外围向次中心、中心发展。然而这一过程已不同于利益集团内部经济一体化区域所具备的有利基础和条件，受地理、政治、法律、文化等多重因素的影响，利益在跨集团之间扩张本身包含着利益的斗争和妥协。因此，上述对服务利益全球空间模式的理论演绎在现实中虽有反映，但往往同时表现出无序、不规则的特征，而且在利益斗争以及空间争夺中又常常表现出不稳定态势，这些也正是理论和实践需要格外关注的地方。

（二）以分工、生产组织网络的全球化为依托，生产性服务利益成为与物质利益生产紧密交织的服务利益全球化的先锋，其他服务利益形式尚待发展。国际网络分工及其重要载体——跨国公司的发展，在推动生产全球化的同时，也使生产性服务利益空前兴盛，这与服务利益内部非均衡特征以及生产性服务利益强劲的发展势头是一致的，只不过这是在全球更广阔的空间范围内的展开。而生产性服务利益与物质利益生产是紧密交织在一起的，前者为后者服务，两者的结合构成较为完整的利益生产链条。那么，物质利益生产在全球的扩张必然带动和要求生产性服务利益的扩张和发展，而这已不同于分配性服务利益在世界范围的延伸，因为上述扩张不单纯是联系的"桥梁"和输送的"通道"，它已经根植于其他利益空间之中并架构起全球的利益生产网络。有学者指出："如果人们研究了生产的社会循环，工作世界的这种变化就变得更加明显：一方面是'广为扩散的工厂'和生产的分散，另一方面是多样的第三产业化的形式。这里人们可以估量非物质劳动的循环在全球性生产组织中所承担的战略性角色。"① 此处的非物质劳动指的就是生产性服务利益。从这个意义上说，生产性服务利益是与物质利益生产紧密交织的服务利益全球化的先锋。

相比生产性服务利益，分配性和消费性服务利益依赖于全球网络的通达与一体化水平，其稳定的发展需要生产性服务利益开拓更广、联系更紧密的空间，它的阶段性特征较为显著，特别是作为为人服务的消费性服务利益同样应该成为服务利益在全球范围发展的目标，但是目前却依然主要围绕生产展开。至于公共性服务利益则有着更多的差异和影响因素，其延伸需要更好的平台。由此可见，服务利益全球化过程中，其内部的非均衡性也是明显的，除生产性服务利益外，其他利益形式尚待发展。

此外，虽然物质利益与服务利益从利益生产的客体角度看是密切结合在一起的，然而就主体而言，他们可以归属于不同的利益主体，主体之间分工合作。然而正如前述指出的那样，强势利益群体必然掌控服务利益这一关键利益，而将物质利益的一般性生产转移给其他利益主体，从而使利益的支配与最终分配向自身倾斜。可见，所谓的与物质利益紧密交织是就客体分工的角度而言，而利益主体之间虽有合作，但是存在利益的分割与斗争，这将直接影响到服务利益的发展。

（三）以国际协调和协定为基本手段和准则，服务利益成为全球范围内不同利益集团利益斗争的对象和缓解利益冲突的途径，对利益的公平及构建新的利益秩序具有重要意义和影响。作为未来世界经济利益极为重要的一种利益形式，服务利益自然成为全球范围内不同利益集团争取和斗争的对象。虽然目前对服务利益作为重要利益的理解主要停留在围绕物质利益的创造上，以及服务利益所体现的利益控制和分配优势上，还没有从为人服务的高度和趋势去看待，但这足以使其日益成为争夺的中心。然而在以和平与发展为主题的当今世界，以发达国家为主导的利益关系在全球范围内扩张产生的

---

① ［意］毛里齐奥·拉扎拉托：《非物质劳动》，高燕译，载《国外理论动态》，2005年第3期。

利益冲突，主要是以协调和妥协的方式解决，而非诉诸暴力与战争。因此各种国际组织的成立以及协定、条约的签定，用以协调和规范不同利益主体的关系就成为适应这一时代要求的产物。而我们不妨把这些活动视为公共性服务利益在全球范围延伸的一种表现，它成为缓解利益冲突的途径。[①] 可见外延广泛的服务利益既孕育着问题，又给出了解决的途径，这是物质利益所不能达到的。

进一步深究，扩张利益关系下的国际协调与协定同样是利益斗争的结果，因此不可避免的反映出利益主体的地位与谈判的能力。而服务利益在不同利益主体的支配和发展，直接影响到利益的增减与差距的变化，影响到强势与弱势利益群体利益秩序构建的公平、合理。因此，在注重物质利益的同时，必须高度重视服务利益的发展，因为无论从利益客体还是利益主体来看，服务利益都将成为利益集团未来利益地位的决定力量，成为利益弱势群体改变弱势地位的途径和手段。

（四）服务利益发展中催生的新兴利益群体在全球范围内的壮大、合作与联合成为左右国际经济关系发展的重要力量。服务利益的发展不仅使从事服务职业的群体日益壮大，而且推动并造就出庞大的中产阶级或阶层。他们虽然在资本主义社会并没有上升到资产阶级的地位，何况还与中下层无产者相接，但是在生产、生活中却有着重要的影响。他们不仅是经济利益的创造者，更重要的是以中产阶级或阶层为代表的新兴服务利益群体，影响着利益创造的方式和水平，并且享有普遍的利益分配优势，是消费水平的体现者和生活方式的主导者。由此可以看出，他们的壮大总体上是经济利益体系上升的表现。

而在全球范围内，服务劳动者日益增多、职业日益多样化、层次向上提升是经济发展的客观趋势。经济全球化和一体化不仅使他们的联系更加紧密，合作愈加频繁，而且相似的经济地位和共同利益也为他们的联合提供了

---

① 在我国《国民经济行业分类》（GB/T 4754 – 2002）中，第三产业包含有国际组织这一门类。

条件和可能。当前发达国家以及发展中国家内部一体化以及彼此之间的合作与对话就是利益一致与协调的反映。而服务利益群体则成为合作最终落脚的重要承担者。满足他们的利益诉求对于整体利益目标的实现及利益的和谐、避免利益的冲突具有重要意义。因此，在处理国际经济关系中，充分重视这一重要的利益群体的力量无疑是有益的。

（五）服务利益发展中所体现的人类新型利益关系和更全面自由的发展将在经济全球化的浪潮中更加彰显人类共同利益的去向。经济全球化将世界范围内各个国家和民族联系在一起，利益的整体性愈加突出。因此，将人类视为一个整体来审视、处理重大利益问题成为必要的思维方式和解决途径，而这充分体现出人类共同利益的强化与发展，是人类更加重视自身关系的反映。我们在分析服务利益在资本主义国家确立的意义时曾指出："资本主义服务利益的确立，是剩余利益发展的反映。它包含人类利益朝自身回归的合理颗粒，必将促使人朝着更全面自由的方向发展。"不仅如此，服务利益的确立也是人类共同利益发展的结果。它不再局限于一小部分利益集团，而是成为普遍的大多数人追求和享有的利益形式。因此，全球化的浪潮将其推向更高的发展水平，也将人类共同利益推向新的高度，由此更加彰显人类利益更自由全面的发展去向。

三、我国在服务利益全球化过程中需要关注的问题

从上述分析可以看出，服务利益全球化带有客观必然性，它也是以发达国家为主导的利益关系扩张在当今世界的反映。因此，全然忽视、抵制全球化的客观进程不仅不能顺应时代发展，而且对自身也并非有利；另一方面，无所批判地审视、接受同样是不可取的，毕竟不同利益主体在全球化中的地位、角色和获利情况有所差异。特别对于那些处于弱势地位的发展中、欠发达国家和地区以及实行不同于资本主义制度的社会主义国家，更应该基于国情和对世界经济发展趋势的正确判断做出适合自身的经济发展战略部署，才能成功应对全球化的机遇和挑战。而作为世界上最大的、实践中国特色社会主义市场经济的发展中国家，我国在服务利益全球化过

程中，又应重点关注哪些问题呢？

（一）关于国际分工中利益优势和分工地位转变的问题

国际分工一直是经济学界关注的重大理论和实践问题。自亚当·斯密（Adam Smith）绝对优势理论之后，历经大卫·李嘉图（David Ricardo）的比较优势说、赫克歇尔（Eil Filip Heckscher）和俄林（Beltil Gotthard Ohlin）的要素禀赋理论、"里昂惕夫（Vassily W. Leontief）之谜"的各种理论解释以及协议国际分工等学说，西方经济学界较为系统的关于国际分工的理论已经形成。① 这些理论主要从固有的自然条件，要素禀赋所决定的产品成本、价格差异，要素以及产品的特征差异和经济一体化条件下的协调等方面阐述了实物产品生产分工，事实上也是物质利益生产分工的成因、原则。虽然服务利益与物质利益存在诸多不同，使上述分工理论在服务利益方面的运用受到限制和质疑，但就生产性服务利益而言，在以分工、生产组织网络的全球化为依托而形成的国际分工模式中，客观的利益比较优势却是普遍存在的。知识、技术密集程度和对利益的控制和分配优势成为决定不同地位利益群体在经济循环过程和产业链中所处位置的重要因素。② 现实的状况是，具有这些因素特征的生产性服务利益往往由发达国家掌控，它们处于产业链的高端和利益获取的集中地带。虽然我们承认参与国际分工的必要性和所处分工位置在一定条件下的客观性，但是却不能情愿长期处于产业链的低端和利益的弱势地位，因为那不仅无助于新的国际经济秩序的建立，反而会使利益差距不断扩大，最终也会损害世界经济整体利益的成长。因此，对于发展中、欠发达国家和地区这些利益弱势集团，既要利用既定分工中的有利方面，比如承

---

① 关于这些国际分工理论的详细介绍和分析可参见薛荣久主编：《国际贸易（新编本）》，对外经济贸易大学出版社 2003 年版，第 64—88 页。

② 此处提到的分工理论在服务利益方面的运用受到限制和质疑，主要指比较优势理论的运用。关于比较优势理论在国际服务贸易中的适用问题是理论界争论的一个重要问题。本书无意卷入争论之中，只是仅对与本书分析相关的问题做些简要的分析和阐述。与争论相关的文献可参见邓力平、陈贺菁编著：《国际服务贸易理论与实践》，高等教育出版社 2005 年版，第 32—40 页；陈宪主编：《国际服务贸易——原理·政策·产业》，立信会计出版社 2000 年版，第 130—134 页。

接转移中的国际产业,由此推动本国产业的发展,又要注意依据自身基础和条件的变化,适时推进静态比较优势向更高水平动态优势的转变。① 那种无视并脱离历史,在理论上抽象,在实践中又完全迷信自然条件和地域分工,从而思想行动僵化的做法是坚持历史唯物主义的马克思主义经济学所反对的。这些认识对于服务利益的发展有着重要的指导意义。

(二) 关于构建新的利益秩序的角色定位和行动问题

资本主义利益关系的扩张过程虽然是资本主义国家、特别是发达资本主义国家主导的过程,其结果必然有利于资本主义利益体系的扩展和升级,然而人类共同利益的取向又决定了利益在世界范围内的公平性和共享性是历史发展的必然趋势。因此,利益关系的扩张并非单纯的旧的利益秩序的延续,构建新的利益秩序同样伴随其中,而经济全球化则将共同利益推向更高的水平。那种以个别发达资本主义国家为中心的单级世界是不符合利益公平共享的多元化、多样化、全球化的潮流的。

那么就全球化的服务利益来说,在构建新的利益秩序中,发展中国家和地区首先应该把握利益发展的整体趋势,参与而非抗拒,既不能因为处于弱势地位而听之任,也不能因为服务利益相对物质利益的特殊性而降低其在新的利益秩序构建中的重要地位。要将自身定位于利益全球化的参与者、实践者、有利条件的利用者和新的秩序的推动者;要将物质利益与服务利益结合在一起,从整体上推进利益体系的发展,推动利益秩序的全面构建;要顺应经济一体化的趋势,联合可以联合的力量,如此更好把握服务利益全球化的有利时机,最大程度克服自身单薄力量的劣势,改变弱势群体的地位。

(三) 关于社会主义市场经济与世界市场的对接问题

我国实行改革开放以及建立中国特色社会主义市场经济是基于世界形势和基本国情做出的科学决策。"计划"与"市场"虽然都是经济手段,但是基本政治、经济等制度决定了作为世界市场的一部分,我国市场经济有着明

---

① 开放经济的发展目标应该是动态演进的,这一点对于利益弱势集团尤为重要。相关论述可参见张幼文:《开放经济发展目标的动态演进——答华民教授的商榷意见》,载《国际经济评论》,2006 年 1—2 期。

显区别于资本主义市场的社会制度基础。进而言之，从制度层面看，资本主义与社会主义有着不同的制度设计和目标，因此存在利益取向上的差异和某种程度的对立；从体制和规则层面看，市场经济体制和规则又以西方发达资本主义国家历史最久、最为成熟，而且处于全球化扩张和利益主导的地位，因此社会主义市场经济在与世界经济接轨的过程中往往面对更大的风险和挑战，经济利益不免会受到损失。更为重要的是，融于世界市场的不仅是普遍发展的物质利益，还有正在兴起并且具有重要地位的服务利益。而体现"软实力"和竞争力的服务利益相关市场体制和规则的建立与制定将成为世界市场经济发展的重大任务，并将左右未来经济利益主体的地位。对我国而言，只有在发展中尽最大能力既成为世界市场的重要组成部分，从而利用市场资源，又要推进合理市场秩序的建立，尤其是服务利益市场规则和秩序，才能使中国特色社会主义市场经济的整体利益得到长久保障。

（四）关于利益差距与利益公平的问题

2002年联合国第十届贸发会议通过的《曼谷宣言》指出："全球化是一个机遇与风险和挑战并存的进程。它扩大了技术进步和有效融入国际经济的前景，促进了繁荣，增进了各国获益的可能。然而，全球化也增加了被边缘化的风险，特别是那些最穷的国家以及国内最易受到损害的集团。国家之间以及各国内部收入差距依然在扩大，贫困人口增加。国际经济不对称和失衡现象加剧。"[①] 可以说，利益差距的扩大和公平的失衡已成为全球化备受关注的现象，也成为国家和地区内部必须重视的问题。如果说物质利益已是差距和公平失衡的集中地带，那么服务利益无疑将强化已有的差距和失衡的状态，有可能使众多发展中和欠发达国家及地区被抛入利益的边缘。而发达国家和地区往往在高端生产性服务利益、高水平的消费性服务利益占据优势，同时却把资源的消耗、环境的污染等等增长的代价转移给了其他弱势地位的国家。因此，面对全球化的服务利益，我国要充分重视其对利益差距和利益

---

① 原文出自 Bangkok Declaration, Global Dialogue and Dynamic Engagement, UNCTAD, Tenth Session. http：//www.twnside.org.sg/title/twr116j.htm

公平失衡的强化，要将其置于与物质利益同等重要的地位，推进生产性服务利益，注重消费性服务利益，特别要关注公共服务利益调节和缓解，利益差距和潜在利益冲突的功能，使全球化背景下的我国服务利益的发展惠及更普遍的民众。

第三节 服务利益与服务贸易

从上述分析可见，服务利益的全球化是客观的历史进程，弱势利益集团既应顺应趋势，又要积极维护自身利益。而开放条件下服务利益依托于国际分工，并主要通过贸易和投资的方式成为利益全球化的重要组成部分。因此，服务贸易中的利益是服务利益从封闭向开放发展的现实反映。以下我们从贸易中的经济利益入手，重点探讨服务利益开放条件下的贸易实现问题。

一、贸易中的经济利益

国际分工的发展使国际间的货物以及服务交换日益扩大。特别是二战之后，货物及服务贸易迅猛发展，不仅商品出口的年平均增长率超过了世界产出的年平均增长率，而且服务贸易也逐渐摆脱了附属于商品贸易的地位，取得了更快的增长率。目前服务贸易分别约占世界商品贸易总额和世界贸易总额的 1/4 和 1/5，可见其产生的巨大经济利益。而前述提到的西方经济学国际分工理论也为贸易中经济利益的来源提供了一定的理论基础。从中可见，对于不同的利益主体，交换与贸易不仅意味着互通有无中利益的分享与共享，成本的降低以及生产效率的提高，社会再生产的继续与价值和使用价值的实现，更有通过贸易实现经济系统内外的互动以及对利益主体和环境施加影响，当然也可能出现"以邻为壑"所导致的利益"利"、"害"的双向发展。这就涉及到利益主体支配利益的地位和能力以及不同利益主体之间的关系问题。

基于国际分工的差异和旧的不合理的国际政治经济秩序，服务贸易中经济利益的分配存在差异以及不合理的现象,在世界范围内发展极不平衡,主要表现在发达资本主义国家的主体优势和发展中国家处于劣势附属的地位。①事实上这也是资本主义利益关系扩张在服务利益全球化中的反映。马克思曾指出:"对外贸易的扩大,虽然在资本主义生产方式的幼年时期是这种生产方式的基础,但在资本主义生产方式的发展中,由于这种生产方式的内在必然性,由于这种生产方式要求不断扩大市场,它成为这种生产方式本身的产物。"②"只有对外贸易,只有市场发展为世界市场,才能使货币发展为世界货币,抽象劳动发展为社会劳动。"③ 从上述论断中不难推断出,资本主义生产方式在全球发展的今天,服务贸易是继货物贸易之后的资本主义生产方式的产物,它具有客观必然性,是资本主义生产方式进一步深化的反映,同时它又必然有利于这种生产方式下既有的利益集团,他们可以从更广阔的市场范围内获得各种使用价值和价值形态的利益,加之不合理、不平等的国际政治经济秩序,那么利益差距和失衡现象就不可避免地产生了。由上可见,贸易中的经济利益涉及的方面是广泛的,不仅包括通过贸易导致的经济利益创造、分配和消费的变化以及可能产生的社会整体福利的改善或恶化,还包括贸易所映射出的各利益主体地位、关系及其变化。而服务利益在贸易中的发展成为经济利益体系拓展的重要表现。

二、服务贸易与服务利益的贸易实现方式

开放条件下的服务利益通过贸易的方式实现自身利益有着诸多不同于物质利益的特点,这也就构成服务贸易与货物贸易的差异。由于服务本身的特点和复杂性,使得服务贸易及贸易中的服务利益同样表现出特殊性和复杂

---

① 从国家类型看,服务贸易进出口排在前列的几乎都是发达资本主义国家;从结构看,发达资本主义国家出口的多是资本、技术和知识密集型服务,而发展中国家则集中在劳动和自然资源密集型的项目。参见韩玉军、陈华超:《世界服务业和服务贸易发展趋势——兼评中国服务业的开放与对策》,载《国际贸易》,2006 年第 10 期。
② 《马克思恩格斯全集》第 25 卷,人民出版社 1975 年版,第 264 页。
③ 《马克思恩格斯全集》第 26 卷下册,人民出版社 1974 年版,第 278 页。

性，并且由于自然地理、政治文化、制度法律等因素使得差异性的利益主体实现利益面临更加复杂的条件和环境。为了研究开放条件下服务利益的贸易实现及相关问题，我们首先对服务贸易及服务利益的贸易实现方式做一必要的分析。

（一）关于服务贸易

在第三章我们曾分析过与服务利益相关的理论争论与实践难点，并指出理论认识的分歧以及统计实践的变化和发展。而服务贸易同样面临着类似的问题，首先就是如何认识和定义国际服务贸易。目前具有代表性的两种定义均采用描述方式，包括国际收支统计（BOP）定义和服务贸易总协定（GATS）定义，而后者则成为 WTO 成员国应该积极推行的统计体系，因此也成为我们分析的重点。① 《服务贸易总协定》（General Agreement on Trade in Service, GATS）把国际服务贸易定义为以四种方式提供的服务，包括：第一，跨境提供服务，指从一成员国境内向另一成员国境内提供服务；第二，国外消费，指在一成员国境内向另一成员国的服务消费者提供服务；第三，通过商业存在，即直接投资企业，提供服务；第四，通过自然人移动提供服务，指一成员国的自然人暂时移动到另一成员国境内提供服务，该自然人并不取得法人资格。

上述定义不仅显示了服务交易的地点与供给和需求的关系，显然包括服务的供给方和需求方均不移动、单方移动和共同移动几种情况，而且不难看出：第一，服务贸易的进行需要较好的技术条件和空间通达性，否则"过境交付"和自然人移动将难以实现；第二，与货物贸易不同，服务贸易涉及到自然人跨境移动的问题，无论其作为服务的消费者还是供给者，因此受到的制约因素更多，情况更为复杂，其中服务消费和供给的成本受到空间地理的制约更加突出；第三，将商业存在这种投资方式划归服务贸易是服务贸易非常显著的特点，它区别于传统的跨境国际贸易。

此外，还有学者按照同商品贸易、直接投资的密切程度将国际服务贸易

---

① 关于国际服务贸易两种代表性统计体系的介绍分析可参见李静萍：《国际服务贸易统计体系的比较研究》，载《统计研究》，2002 年第 8 期。

划分为同货物贸易直接相关的传统国际服务贸易项目（如国际运输、国际维修和保养、国际金融服务等）、同国际直接投资密切相关的要素转移性质的国际服务贸易项目（如建筑和工程等劳务输出以及金融服务业的国际信贷等）以及相对于货物贸易和直接投资的新兴产业的服务贸易项目（如国际旅游业提供的服务、信息网络服务、视听产品与知识产权服务等）。① 此种划分层次清晰，也可反映出服务贸易与货物贸易和投资的区别和联系，对我们认识贸易中的服务利益有一定益处。

（二）服务利益的贸易实现方式

按照 GATS 定义，四种提供服务的方式已经就服务利益贸易实现的途径和方式作了说明。进一步分析，这四种方式中最能推进并有利于服务利益发展的不是自然人流动和境外消费，因为正如前述中提到的空间的通达性、服务消费和供给的成本以及其他各种限制因素对其有着很强的制约性，那么服务利益贸易实现的主要途径和方式就是跨境提供和商业存在。

就跨境提供来说，目前的技术条件特别是信息技术为其发展开辟了道路，然而以直接投资即商业存在的方式提供服务却是服务利益贸易实现更为重要的途径。表 6-1 显示的是国际服务贸易方式构成估计：

表 6-1　国际服务贸易方式构成估计

贸易方式	构成
跨境提供	35%
境外消费	10%—15%
商业存在	50%
自然人流动	1%—2%

资料来源：WTO, International Trade Statistics 2005, p8.

网址：http://www.wto.org/english/res_e/statis_e/its2005_e/its05_toc_e.htm

从上表显见，商业存在方式占到了 50%，在全球服务贸易中具有举足轻

---

① 参见韩玉军、陈华超：《世界服务业和服务贸易发展趋势——兼评中国服务业的开放与对策》，载《国际贸易》，2006 年第 10 期。

重的地位。应该说，采取直接投资的方式是服务利益贸易实现的有效途径，不仅因为服务本身的特点，无形性以及供给与消费的同时性使之难以如实物商品一样进行时空的全面分离和移动，而且随着跨国公司的发展，出于绕开贸易壁垒以及获得更明显的比较优势和竞争优势，进而在利益获取上处于绝对优势等动因，商业存在成了主要的方式。①

采取这种方式对于服务利益的贸易实现固然具有客观性，但是我们必须看到，这种方式实施的主体不是发展中国家，而主要是发达国家。他们凭借自身在利益创造各个环节上的优势，将服务特别是具有知识、技术密集型特征以及在管理、品质等方面更胜一筹的服务的供给其他国家和地区内部，以直接投资的方式打开目标市场，不仅让国际直接投资深入，而且进一步拓宽和稳定了获利渠道，在一定程度上也解决了国际收支失衡的问题，这也是发达国家极力推进商业存在贸易方式的一大目的。而将此种方式纳入到 GATS 协定中则意味着凡是承认协定以及此后加入 WTO 的国家都必须执行有关规定。那么，对于市场还不完善、缺乏竞争优势和获利能力的发展中国家，其面临的竞争压力、经济风险就可想而知。然而利益博弈的结果，使商业存在方式毕竟已被纳入到协定中。面对开放的世界、全球化的浪潮，发展中和欠发达国家和地区在以发达国家为主导的利益关系不断扩张的形势下，无论生产力水平和生产关系状况如何，都不能故步自封，而是需要在利益合作与斗争中更快更好地发展自己。

三、开放条件下服务利益的贸易实现状况

相关研究报告指出，伴随服务型经济的发展，全球经济竞争的重点正从

---

① 李慧中教授通过两部门理论和实证分析认为，发达国家在其封闭经济中存在着服务产品的高相对价格，一旦进入开放经济关系中，发达国家的服务产品便无比较成本优势。而国际服务贸易的动因在于，除了需求者在供给国无法代替的消费，发达国家的服务出口只能主要靠供给要素（资本）输出即直接投资来实现，而服务产品的高相对价格决定了它只能以寡头垄断的补充性优质产品在发展中国家市场占有优势。参见李慧中：《非价格比较优势：服务贸易动因及发达国家的优势占有格局》，载《上海经济研究》，2001 年第 9 期。

货物贸易转向服务贸易。从 1980 到 2005 年，世界服务贸易出口额从 3650 亿美元扩大到 24147 亿美元，25 年间增长了 5.7 倍，占世界贸易出口总额的比重从 1/7 上升到近 1/5。服务贸易不断增长的趋势还将继续，并使其结构调整加快，向新兴服务、现代服务倾斜；地区格局不平衡现象依然突出，发达国家在世界服务贸易中占据主导地位；商业存在仍然是服务贸易的主要方式，而服务外包则成为新的服务贸易形式。①

由上报告可见，开放条件下，贸易正成为服务利益扩大和成长的重要途径，而服务利益的诸多特征，如部门差异、空间差异、现代服务利益的迅猛发展等等，都在利益的贸易实现中得以反映。为了更深入认识当前状况，以下我们将基于贸易地理、收入水平和具体的服务贸易分类对服务利益贸易实现的整体状况以及我国的情况进行考察。

表 6-2 反映的是部分年份国际服务贸易出口年增长率状况。

表 6-2-a 2000—2006 国际服务贸易出口年增长率（单位:%）

		世界	北美	南美	欧洲	亚洲
商业服务	2000—2006	11	6	8	12	12
	2006	12	9	13	11	17
运输服务	2000—2006	10	6	10	11	13
	2006	10	11	8	7	23
旅游	2000—2006	8	2	7	9	10
	2006	9	5	11	8	14
其他商业服务	2000—2006	13	8	10	14	14
	2006	15	11	20	13	21

注：商业服务是总的统计，包括各种服务形式。

资料来源：WTO, International Trade Statistics 2007, p117.

网址：http://www.wto.org/english/res_e/statis_e/its2007_e/its07_toc_e.htm

---

① 引自《中国服务贸易发展报告 2006》，见网址：http://tradeinservices.mofcom.gov.cn/index.shtml?method=view&id=5766

表 6-2-b 2005—2015 国际服务贸易出口年增长率（单位:%）

年份	世界	北美	南美	欧洲	亚洲
商业服务					
2005—2010	8	8	9	6	12
2014	7	3	2	7	…
2015	−6	−1	−5	−10	−3
商品相关服务					
2005—2010	10	12	−12	9	15
2014	2	19	7	2	−2
2015	−9	8	−2	−17	−1
运输服务					
2005—2010	7	6	8	6	9
2014	3	2	−3	4	4
2015	−10	−7	−12	−13	−9
旅游服务					
2005—2010	7	5	6	4	13
2014	8	3	6	4	…
2015	−5	0	3	−13	−1
其他商业服务					
2005—2010	9	10	17	7	13
2014	8	2	1	9	12
2015	−5	−1	−8	−7	−2

注：商业服务是总的统计，包括各种服务形式。

资料来源：WTO, International Trade Statistics 2016, Table A25

网址：https: //www. wto. org/english/res _ e/statis _ e/wts2016 _ e/wts16 _ chap9 _ e. htm

从上表不难发现：第一，除运输及旅游外的其他商业服务主要包括金融保险服务、信息通讯服务、建筑服务等，这些服务主要是资本、技术密集型服务项目，其增长率高于前两种服务形式，由此不仅印证了跨境提供和商业存在是主要的利益实现方式，而且网络信息等先进技术的不断进步也推动着包括业务流程外包和信息技术外包在内的服务外包的发展。总的来看，服务利益的贸易实现正朝着利益集中、脱离传统贸易方式以及与商品贸易和生产直接投资密切程度逐步降低的方向迈进；第二，与其他各洲相比，亚洲的各类国际服务贸易出口增长率最快，其中以运输服务和其他商业服务较为突出。这虽然与该洲本身发展基础有关，但是却能反映出该地区经济活动的活跃性以及服务利益整体水平向好的方向发展，在一定程度上改善了世界服务贸易以发达国家为主导的严重不平衡的局面，并且使世界各地区、发达国家与发展中国家的贸易利益关系更加紧密。

服务利益的贸易实现状况除了贸易地理差异外，与各国的收入水平有着密切联系。表6-3反映的是不同服务形式与收入的国家和地区服务贸易的进出口结构状况。

表6-3-a　国际服务贸易进出口结构（单位:%）

	运输服务				旅游服务				金融与保险服务				其他服务			
	1990		2004		1990		2004		1990		2004		1990		2004	
	出口	进口	出口	进口	出口	进口	出口	进口	出口	进口	出口	进口	出口	进口	出口	进口
世界	28.5	34.7	24.3	27.9	34.6	32.5	28.5	28.4	4.7	5.0	6.7	8.5	38.5	32.4	41.7	35.8
低收入国	24.7	55.6	19.5	44.3	23.1	13.4	19.7	18.0	2.0	5.2	3.0	6.0	50.4	26.2	58.1	32.3
中低收入国	29.2	49.3	23.5	31.7	43.0	24.1	45.6	27.3	3.0	4.2	2.6	12.8	24.9	22.5	28.4	28.3
中等收入国	29.6	48.7	23.3	30.8	45.0	25.3	46.8	27.7	3.1	4.1	2.7	13.2	22.3	22.1	27.3	28.4
高收入国	28.3	30.8	24.5	27.0	32.1	34.8	24.0	28.7	5.2	5.2	7.8	7.4	42.2	34.8	45.2	37.6
欧元区	27.1	26.3	22.5	23.3	30.3	31.1	27.7	28.5	5.9	7.7	5.6	5.2	36.7	35.0	45.1	43.9
美国	28.1	36.3	17.5	29.5	37.9	38.9	29.2	26.4	3.5	4.5	8.7	13.2	40.4	20.4	41.7	30.9
日本	40.4	30.8	33.9	31.9	7.9	27.9	11.2	28.5	−0.4	2.1	5.8	4.6	52.1	39.3	48.5	35.0
中国	47.1	78.9	19.5	34.3	30.2	11.4	41.5	26.7	4.0	2.3	0.8	8.8	18.7	7.4	38.3	30.2

注：1. 本表进出口结构指的是各种服务占商业服务进出口总额的比重；

2. 其他服务具体指计算机、信息、通讯和其他商业服务；

3. 各项服务统计原始数据出自IMF，具体含义可参见本表资料来源。

资料来源：World Development Indicators 2006.

网址：http：//devdata.worldbank.org/wdi2006/contents/Table4_6.htm 及 Table4_7.htm

表 6-3-b　国际服务贸易进出口结构（单位:%）

	运输服务				旅游服务				金融与保险服务				其他服务			
	2010		2018		2010		2018		2010		2018		2010		2018	
	出口	进口	出口	进口	出口	进口	出口	进口	出口	进口	出口	进口	出口	进口	出口	进口
世界	25	28	19	23	28	25	26	27	9	9	9	8	40	38	46	42
低收入国	19	30	30	54	57	22	29	16	..	6	..	8	21	21	27	23
中低收入国	24	16	16	29	30	20	34	24	4	8	4	6	43	38	49	41
中等收入国	25	20	20	27	42	31	33	39	4	10	4	6	29	20	43	28
高收入国	24	19	19	21	22	24	23	24	11	9	11	8	43	44	47	47
中国	29	18	18	21	39	39	17	53	3	12	4	3	29	3	61	23
日本	32	15	15	19	10	17	22	10	4	6	7	8	54	48	55	63
美国	13	12	12	20	25	23	27	27	16	20	16	14	46	37	46	40

注：1. 本表进出口结构指的是各种服务占商业服务进出口总额的比重；

2. 其他服务具体指计算机、信息、通讯和其他商业服务；

3. 各项服务统计原始数据出自世界银行，具体含义可参见本表资料来源。

资料来源：World Development Indicators.

网址：http：//wdi.worldbank.org/tables

分析上表可见：第一，从 1990—2004 年，运输和旅游服务进出口所占比重整体上均有较大幅度下降，而金融保险和其他服务进出口比重上升后保持相对稳定；第二，与高收入和发达国家相比，低收入和发展中国家服务贸易进出口失衡现象突出，贸易差额较大，其中运输服务的进口远大于出口，旅游服务的出口大于进口，而金融保险服务的出口小于进口，这反映出低收入与发展中国家服务利益贸易实现的整体水平低于高收入和发达国家，贸易的影响地域有限；第三，对我国而言，运输服务的出口水平在 1990 年与日本接近，都远高于高收入国家，但是进口却相差悬殊，反映出我国服务利益贸易实现途径的单一性和低层次性。特别是经过多年的发展，旅游服务的出口大于进口，但是金融保险服务的出口远小于进口，这与低收入与发展中国家的状况是相似的。

从以上数据分析的结果来看,世界服务利益贸易实现的部门差异与空间差异是突出的。发达国家不仅占据总体贸易利益的主导地位,同时在重要服务利益——生产性服务利益以及现代服务利益的发展上也有着明显的优势。而发展中国家以及低收入国家的服务贸易虽然增长速度较快,但差距依然很大。

至于我国,虽然属于贸易大国,但是依然处于发展中国家贸易弱势的地位,特别是在服务利益的贸易实现层次、水平和竞争力方面有待大力发展和提高。表6-4更为详细地反映出2005年我国服务贸易的发展状况。

表6-4 中国2005年服务贸易发展状况统计(单位:亿美元)

服务类别	进出口		出口		进口		贸易差额
	金额	同比(%)	金额	同比(%)	金额	同比(%)	
总额	6957	5.1	2281	9.0	4676	3.4	-2395
1. 加工服务	183	-2.7	181	-3.0	2	12.3	179
2. 维护和维修服务	82	16.1	59	18.0	23	12.4	36
3. 运输	1300	13.7	371	10.0	929	15.3	-558
4. 旅行	2935	-3.9	387	-13.0	2548	-2.4	-2161
5. 建筑	325	55.2	240	89.0	86	3.6	154
6. 保险和养老金服务	145	-15.3	40	-3.0	104	-19.4	-64
7. 金融服务	53	1.3	37	15.0	16	-20.5	21
8. 知识产权使用费	333	32.6	48	308.0	286	19.2	-238
9. 电信、计算机和信息服务	469	20.0	278	5.0	192	52.5	86
10. 其他商业服务	1044	3.0	615	6.0	429	-1.3	186
11. 个人、文化和娱乐服务	35	21.8	8	2.0	28	28.6	-20
12. 别处未提及的政府服务	52	26.3	17	41.0	35	20.3	-18

资料来源:商务部研究院数据中心 http://data.mofcom.gov.cn/fwmy/classification-annual.shtml

上表数据为我们的分析判断提供了进一步的证据。虽然我国部分服务出口增速较快,但是服务利益贸易实现的逆差还存在,其中很大一部分就归因于旅行服务和运输服务,此外就是保险和养老金服务以及知识产权使用费,这说明我国服务利益贸易实现依然紧紧围绕物质利益贸易的实现,而且在技术、知识密集型服务方面劣势依然明显。

以下我们利用贸易竞争指数和最近的报告统计资料对我国贸易利益的竞争力状况进行进一步的研究。① 贸易竞争指数也即 TC 指数,是贸易产业国际竞争力较常使用的指标,也称贸易专业化系数。该指标同样可用于产品竞争力的分析上。计算公式为:

$$TC = \frac{X_{ij} - M_{ij}}{X_{ij} + M_{ij}}$$

其中,X_{ij} 为 j 国 i 产品出口额;M_{ij} 为 j 国 i 产品进口额。TC 是个相对数,在 [-1, +1] 区间内取值。TC > 0,说明 j 国 i 产品国际竞争力较强,TC 值越趋近 1,说明国际竞争力越强;反之,TC < 0 说明国际竞争力越弱,TC 值越趋近 -1,说明国际竞争力越弱。表 6-5 显示的是部分年份我国服务贸易分行业竞争指数。

表 6-5　中国服务贸易部分年份分行业竞争指数

	2012	2014	2015	2016	2017
服务总体	-0.17	-0.33	-0.33	-0.37	-0.34
加工服务	0.99	0.99	0.98	0.98	0.98
运输	-0.38	-0.43	-0.38	-0.41	-0.43
旅行	-0.34	-0.68	-0.69	-0.71	-0.74
建筑	0.54	0.52	0.24	0.21	0.47
保险和养老金服务	-0.72	-0.66	-0.28	-0.51	-0.44
金融服务	-0.01	-0.04	-0.06	0.22	0.40

---

① 最近的报告统计资料来源于《中国服务贸易发展报告 2007》,网址为:http://tradeinservices.mofcom.gov.cn/g/2008-02-25/24688.shtml; http://tradeinservices.mofcom.gov.cn/g/2008-02-25/24699.shtml。

续表

	2012	2014	2015	2016	2017
知识产权使用费	-0.89	-0.94	-0.91	-0.91	-0.71
电信、计算机和信息服务	0.49	0.30	0.39	0.36	0.18
其他商业服务	0.09	0.26	0.19	0.14	0.18
个人、文化和娱乐服务	-0.64	-0.66	-0.44	-0.49	-0.56
别处未提及的政府服务	-0.03	-0.32	-0.42	-0.41	-0.35

资料来源：依据商务部研究院数据中心数据整理。

上表所显示的数据表明，我国服务贸易竞争力整体处于弱势，服务利益的贸易实现主要集中于非技术和知识密集型部门。但也需要从价值链、产业链的整体发展情况看，我国服务贸易竞争力也在积极提升。综合以上分析可见，在开放条件下，服务利益的贸易实现依然为发达国家利益关系扩张和服务利益全球化的趋势所左右。所谓贸易，主要是以直接投资的商业存在方式出现，因而也是国际分工和跨国生产组织的进一步发展。从全球来看，服务利益的贸易实现已经成为发达国家的重要谋利途径，特别是生产性服务利益的国际延伸已成为其重要的贸易利益。相比而言，不得不开放市场而又处于弱势地位的低收入和发展中国家面临着较为严重的贸易利益失衡。具体到我国，在经济结构优化以及高质量发展的推动下，2018年我国服务进出口总额达到5.24万亿元人民币，规模再创历史新高，连续5年保持全球第二位①，但是在重要利益上依然处于劣势，内部结构不平衡有待进一步改善。

第四节 结 论

本章在剖析构成服务利益理论与现实基础的三个基本范畴——需要、分

---

① 《2018年我国服务进出口总额5.24万亿元 规模再创历史新高》，人民网—财经频道，2019年2月26日。

工及劳动,从封闭经济向开放经济发展的基础上,将服务利益的研究延伸到开放状态,从而进一步拓展和深化了对该范畴的认识和理解。

分析表明,服务利益从封闭向开放的发展具有必然性,说明服务利益本身具有的开放性,这显然深化了对利益时空性的认识。而经济全球化,或将其视为经济利益的全球化,则将服务利益纳入其中,使其成为全球化的一部分,并反过来推动全球化的深入发展。事实上,在发达国家主导的世界经济中,服务利益也随着经济利益全球化的趋势在全球发展。它以全球范围内的自由竞争为动力,以分工、生产组织网络的全球化为依托,以国际协调和协定为基本手段和准则,成为利益全球化中强势利益群体占据利益空间中心地带、支配与发展的重要利益形式,也成为全球范围内不同利益集团利益斗争的对象和缓解利益冲突的途径,对利益公平及构建新的利益秩序具有重要意义和影响,其中生产性服务利益成为与物质利益生产紧密交织的服务利益全球化的先锋,其他服务利益形式尚待发展。同时,服务利益发展中催生的新型利益群体在全球范围内的壮大、合作与联合成为左右国际经济关系发展的重要力量,它所体现的人类新型利益关系和更全面自由的发展将在经济全球化的浪潮中更加彰显人类共同利益的去向。但是我们必须看到在此过程中存在的诸多问题,如此才能更好地应对其中的机遇与挑战。

就服务贸易而言,它是服务利益在开放条件下实现的具体途径和表现。而贸易中的经济利益涉及的方面是广泛的。与货物贸易相比,服务贸易延续着服务利益的理论争论与实践难点,体现出相当的特殊性和复杂性,服务利益贸易实现的方式就是表现之一。目前,商业存在是其主要的实现方式,既具有客观性,也是不同利益主体利益斗争与博弈的结果。从全球范围来看,发达国家在贸易利益实现过程中占据明显的优势,具体反映在细分的贸易利益结构上;而发展中国家,大多处于劣势,特别是在关键利益的占有和控制上。实际上,贸易利益不仅指向单纯的交换、贸易,它实现的水平也是内部经济结构和水平的反映,这也就涉及到如何实现内外部利益体系的协调发展问题,从而推进服务利益在开放条件下的成长。

第七章

总结与前瞻

第一节 主要结论、认识与启示

第一,从利益视角切入,提出服务利益这一范畴,是本书运用马克思主义经济学相关理论进行研究的成果。与对服务从其他视角的研究相比,如服务价值论、服务劳动论等,利益视角的分析首先确立了利益主体的地位,从"人化世界"出发,将"对象化"于其他具体的客体化范畴的研究所有意无意遮蔽的利益主体对利益行为的认知显现出来,将对服务的某一层面或侧面的研究提升到从更基本范畴加以综合审视,将生产力与生产关系两面统一起来,从而体现了本书研究视角方面的创新。而立足于历史唯物主义的世界观和方法论,运用历史的分析方法、利益的分析方法以及对比、规范及实证的分析方法也最大程度确保了书中分析的深入和科学性。这些都为服务利益范畴的提出和相关问题的分析奠定了基础。

第二,服务利益范畴是本书分析和论证的核心。该范畴是在历史考察和理论分析的基础上提出的。历史考察是沿着人类社会的更替变迁,包括社会发展的"五形态"和"三形态"进行的,重点落脚在资本主义社会、物的依赖关系和商品经济阶段;理论分析则是从需要、分工与劳动这些"简单的东西"中去寻找服务利益形成的理论基础,当然本书的分析是建立在马克思主义需要、分工、劳动及利益理论基础之上的。通过考察和分析，本书认为，从自然经济到商品经济，从原始社会历经奴隶社会和封建社会直到资本主义社会，需要、分工与劳动必然是不断发展的，其相应的三大体系相互联系、相互作用构成了一幅不断上升、彼此交织的图景，体系内部则经历由低级向高级、由单一向多样、由松散向紧密发展的过程和趋势，由此不仅利益及利益体系得到了前所未有的拓展，而且非物质利益在利益的发展变迁中也逐渐孕育成长。

资本主义生产方式的建立，为打破非物质利益长期处于物质利益包围束缚并与之对抗的状况提供了条件，为服务利益范畴的提出提供了条件。本书依据利益的内涵，为服务利益下了一个规范的定义，即服务利益是指在服务经济社会中，不同利益主体从服务及与服务相关的经济活动中所获得的对自身生产、生活基本需要及发展需要的满足以及由此结成的各种经济关系。然而对于该范畴的理解，却不能仅仅停留在定义的层面上。本书认为，就人类发展的总的方向来看，不断摒弃的过程使非物质利益的发展越来越向更广大群体的利益靠拢，越来越向直接有益于人类生产和生活的方向靠拢。服务利益作为非物质利益发展的飞跃，作为人类利益在新时代的重要形式，它从主体的视角将人的需要的满足和关系的形成与发展置于服务之下，并将二者统一于自身，由此以其独特的内涵和深远的意义成为与物质利益共融共生，甚而成为更重要的利益形式。综合全书的分析来看，服务利益在当前人类社会发展中尚处于发展的初期阶段。从人类社会产生之初，其围绕消费，再逐渐发展到以服务生产为重心。虽然目前生产性服务利益成为重要的利益形式，其发展方兴未艾，并且成为造就中产阶级或阶层的庞大的利益群体的重要途径，但是为生产而生产绝非人类利益的归宿，而对消费水平和结构的影响应该是服务利益到目前为止于人的最大利益的体现，然而这与为人的本质和自由全面的发展而生产与消费的长远利益目标还有相当的距离。当前的服务利益，其涉及范围极其广泛，既有推进人与自然关系的利益部分，又有加剧人与自然关系疏离的利益部分；既有使人与人之间关系紧密的利益部分，又有使关系趋于紧张的利益部分。显然，这是一个结构变动活跃，服务利益自身正处于上升和发展阶段的复杂历史时期。

第三,服务利益孕育于非物质利益,兴起于发达资本主义国家,彰显于服务经济时代。其在资本主义的确立不仅意味着人类社会对服务已经形成广泛而稳定的利益供求关系,资本主义生产方式在利益层面的全面深化,而且意味着利益的决定因素和分配格局的重大变化,以及人类朝着新型的利益关系和更全面自由的方向发展。当然其意义远不止于资本主义,同时包含着人类利益发展的一般意义。进一步来说,我国服务利益的发展同样会体现出利益发展的一般性,所以需要特别重视其中的规律性。而与发达国家就利益群体和关系进行比较,在服务利益确立发展的过程中,服务利益主体,更准确地说是供给主体,他们正在改变着社会的结构模式和利益秩序。服务利益中的部分群体已经或正在成为中产阶级或阶层的重要来源。但是资本主义形态下的服务利益群体避免不了利益分化的命运,而我国的服务利益群体一方面成为利益分层与差距的原因,另一方面又成为壮大整体利益、缩小利益差距的通道和手段。

第四,财富与结构变化使服务利益得以不断深化。本书强调,对财富的理解不能仅局限于价值形式,而应该坚持马克思主义的财富观,如此才能将利益、服务利益从单纯的"价值世界"中挣脱出来,回归到人本位的"利益世界"中。书中分析认为,随着财富深度和广度的拓展以及财富尺度、财富分配和财富主体存在转向的变化,服务利益大大深化了,使得人类在财富观念发生变革的同时,又有着关注自身,推进自身所处社会阶段的倾向和努力。进一步讲,财富的创造、拥有和享用才是根本的现实利益。离开创造,财富是虚无的;离开拥有,就不会有创造财富的强大利益动机;而离开消费,财富则是悬浮的,利益没有得到现实地实现。因此,消费、生产中充满着利益,消费结构,生产结构,进而产业结构本质上就是利益结构。而服务利益恰恰又成为消费与生产结构变迁追求的目标和前进的动力,成为整体经济结构协调发展的重要动因。可见,服务利益深化中的财富效应与结构效应本质上是统一的。

第五,服务利益是时空延伸和拓展的。从时间到空间,利益体系呈现出多维上升发展的图景,差异、非均衡成为体系固有的特征,各种服务利益的形成和发展以非均衡的方式共存于利益体系内,并在不同的经济发展水平表现出差异性的发展态势和相互关系。深化生产性服务利益以及消费性服务利益构成的现代服务利益,有利于推进生产方式变革和财富尺度变化,有利于生产性服务利益这一当前重要利益的增长以及利益关系的紧密和谐与服务利益长远目标的实现。而服务利益不仅存在于一定的空间中,而且空间本身已成为利益角逐的对象。无论从城市还是更广阔的区域看,各种服务利益形式均有其一定的空间定位,相应的利益群体也在壮大中出现空间分化。在此过程中,不仅有客观的利益生成导向的定位因素,而且也有利益主体对利益空间控制能力的因素。因此,服务利益空间调整和布局实质是利益关系的调整,而利益主体的自觉意识随经济发展在资源的要素配置和空间配置的作用也日益凸显。

第六,服务利益是开放的。开放性是利益时空性,是由需要、分工及劳动体系无限发展性决定的。在以发达国家利益关系扩张为主导的经济全球化的今天,服务利益也随着这种扩张的趋势在全球发展。服务利益的全球化已经成为经济利益全球化重要组成部分。它不仅彰显人类共同利益的去向,而且对利益公平及构建新的利益秩序具有重要意义和影响。服务贸易是服务利益在开放条件下实现的具体途径和表现。目前,商业存在是其主要的实现方式,其既具有客观性,也是不同利益主体利益斗争与博弈的结果。从全球范围来看,发达国家在贸易利益实现过程中占据明显的优势,具体反映在细分的贸易利益结构上;而发展中国家,如我国则处于劣势,特别是在核心利益的占有和控制上。

第七,服务利益是客观的,意味着必须正视其发展,既不能忽视,也不能逃避,当然也不是由一厢情愿的主观意志决定的;服务利益是长远的,意味着在处理与服务利益相关问题时,不仅要看到发展的趋势,坚定推进服务利益的信心,也要顾及全局,缓解与协调各方利益的矛盾与冲突;服务利益是系统的,意味着系统内部和系统之间存在着各方面的联系,除了要看到服务利益系统内部各种利益形式相辅相成的发展以及整个经济系统在封闭状态中利益的协调和在开放条件下的利益互动,还要重视系统内部和彼此之间可能产生的利益的"利""害"双向发展而导致的利益冲突。

第八,与发达国家相比,我国服务利益无论从利益主体规模、结构还是水平等各方面都有较大差距。利益群体处于分化形成时期,利益结构正处于调整变动阶段,虽然有着扩大差距的可能,但也意味着上升和发展的空间还很大。在此过程中,特别要注意推进技术和知识密集型服务利益的发展,优化利益内部结构和空间结构,增强服务利益服务于整体经济利益的能力;同时又要关注服务利益于广大消费群体的利益,提升消费利益结构水平,缩小利益差距。面对服务利益的全球化,要积极创造服务利益开放的有利环境,将内外条件结合起来,共同增强我国服务利益在国际范围内的发展实力。

第二节　相关政策建议

一、立足经济发展阶段状况,正确处理服务生产与物质产品生产的关系,注重产业的关联和体系的互动,推动服务利益体系的内外协调。

服务利益的发展水平归根到底是由生产力状况决定的,在一个大国,尤其是由本国物质产品生产的劳动生产率水平决定的。因此推进服务业的发展应正确顺应与工农业生产的基本关系,在保证人民群众基本物质资料需求的前提下大力发展服务业,提升整个国家的服务利益。对于一个发展中大国,更要立足自身经济发展水平和基本情况,适宜地推进服务利益的发展,包括服务业、服务贸易等与服务相关的经济活动。若无视或人为压抑服务利益,那么不仅不会增强自身利益的创造能力,也会丧失发展利益的机会,并且在人类共同利益的发展中将处于更加落后甚至受制于人的境地;但是若无视客观生产力的发展水平,人为推进服务利益的超前发展,不注重利益系统结构的整体协调,同样会有害于利益水平的提升。所以要特别注重产业的关联和体系的互动,推动服务利益体系的内外协调,使经济系统始终处于优化协调状态。

二、重视制度改革和完善的推进作用，促进服务利益快速健康发展

在相对既定的经济发展阶段和发展水平下，经济制度的改革和完善可以为服务业从而整个国家的服务利益的发展和提升注入强劲的制度动力。就国家行为而言，创造健康良好的制度环境是服务业在现有经济发展水平状态下得以充分发展的最关键要素。国家在产业政策优化、服务业进入者主体多元化、服务生产竞争化、服务市场规范化等方面及时和恰当的制度建设会完全显示出制度对服务业发展和服务利益提升的推动作用。同时，鼓励厂商分工和培育中产阶层，也会增进生产性服务业和消费性服务业的供给和需求，促进服务利益快速健康的发展。

三、坚持正确的消费服务利益路线，围绕长远服务利益，引导并加强面向大众的、基本的服务消费。

人类正确的消费行进路线不是消费主义、享乐主义以及"为消费而消费"，而应沿着人的本质和人的发展这条路线前进。因此，推进消费服务利益的发展，应该紧紧围绕为人的本质和自由全面的发展而生产与消费这一长远利益进行。具体地说，要引导并加强面向大众的、基本的服务消费，限制过度和奢侈服务消费，由此最大程度避免因消费服务利益发展方向的扭曲而引致的潜在的利益冲突。

四、以推进生产性服务利益这一当前核心利益为着力点，大力深化现代服务利益，促进利益关系的紧密和谐。

生产性服务利益是当前的重要利益形式，而深化现代服务利益又具有重要意义，它们对于服务利益整体水平的提升具有关键作用。在当前世界总体进入服务经济社会，我国正处于工业化发展的重要阶段的情况下，以推进生产性服务，特别是把那些技术和知识密集程度高的服务作为着力点，将对整体经济利益水平产生重大影响。

五、推动公共性服务利益的发展，强化服务利益空间布局的自觉意识。

公共性服务利益的发展既体现了政府职能取向，也反映出公众享有公共服务利益的机会和水平。因此，在推进政府职能转变，坚持"以人为本"的发展中，要重视公共性服务利益，使其不仅成为"享有利益"的一部分，同时也是"能动利益"的重要部分，由此通过发挥公共服务利益的作用，强化服务利益在不同地域、地区的自觉推进，不断优化要素的资源配置和空间配置，特别对于经济发展成熟的区域，应予以格外重视，从而不断提升整体利益发展水平。

六、积极参与国际分工和谈判，着眼于高端形式服务利益的发展，注重动态利益优势的培育。

服务利益反映着人类共同利益的取向，这就决定了不同的利益主体有着共同的利益关联。处于弱势地位的发展中和欠发达国家，一方面在推进新的国际经济秩序建立的过程中，要增强争取合理利益地位的信心，注意从全局上把握利益的轻重，缓解利益的冲突，另一方面则应积极参与国际分工和谈判，着眼于高端形式服务利益的发展。特别要注意开放条件下服务利益发展的特殊性，即经济结构在开放中是"解构"的。自身结构不仅面临着升级，也面临着分工中利益的分化、独立、关联和转移。因此要利用全球化和开放的有利环境，培育动态利益优势，从而逐步提升利益水平，这对于发展中国家服务利益的发展具有重要意义。

第三节　有待进一步研究的问题

本书从利益视角切入，提出服务利益这一新的经济利益范畴，并从服务利益的形成、确立、深化、发展和延伸等方面作了较为详尽的分析，但是对该范畴以及与其相关问题的研究远没有结束。本书也仅仅是从理论上为此后的研究打下了一定的基础。正如服务经济时代，服务化、服务业以及服务贸易的发展方兴未艾,对服务利益的研究也正处于起步阶段,需要研究的问题还很多,涉及范围也很广。

首先,对服务利益主体关系的研究需要进一步深化、拓展。利益的主体性不仅重要,而且对主体的不同划分直接影响到对利益关系的认识和判断。本书的分析或多或少已经涉及诸多重要的利益关系,如工农利益群体与服务利益群体的关系,服务利益的供给群体和需求群体的关系,生产性、分配性、消费性以及社会公共性服务利益群体的关系等等,但是并没有作为专门的研究对象深入展开。不仅如此,按照职业或其他标准,如从宏观层面上的国家、地区,中观层面上的企业、公司,微观层面上的个人的标准进行利益主体的划分,从而可以对不同地位和层次的服务利益主体之间的关系予以研究,包括关系的形成建立、发展变迁、制约支配等等。

其次,对服务利益结构和部门利益的研究需要加强。利益结构问题不仅涉及到上述的主体结构,还有客体结构。生产性、分配性、消费性与社会公共服务性服务利益同样仅是其中的一种划分方法,而事实上均可以把各种服务利益形式作为具体的对象进行深入的研究。依着服务业的分类,所涉及的范围很广,对于那些具有核心价值和重要影响的利益形式,如金融服务利益、保险服务利益、房地产服务利益、信息和科学技术服务利益、教育服务利益、卫生服务利益,等等都应该纳入到研究的范围中。

再次,服务利益的空间研究具有极为重要的理论和实践意义,需要强化研究力度,进行专门研究。研究内容包括,城乡服务利益的协调,城市以及乡村服务利益的空间分布与发展,城市群、经济区内部及彼此之间服务利益关系的空间调整和规划,经济一体化区域服务利益空间关系的形成和变迁,与服务贸易地理相关的利益问题研究,等等。

此外,还有服务利益贸易实现的国别研究、部门研究、结构研究,等等。当然在对服务利益研究的方法上还应有新的进步,包括利益模型建立、定量分析,不同制度、国家的比较研究以及诸如博弈方法、数理和计量方法的运用,这些无疑都是进一步研究的重要方向。

参考文献

一、中文文献

[1] 马克思、恩格斯：《共产党宣言》，人民出版社1997年版。

[2] 马克思：《1844年经济学哲学手稿》，人民出版社2000年版。

[3] 马克思：《资本论》第1卷，人民出版社1975年版。

[4] 《马克思恩格斯全集》第1卷，人民出版社1956年版。

[5] 《马克思恩格斯全集》第2卷，人民出版社1957年版。

[6] 《马克思恩格斯全集》第3卷，人民出版社1960年版。

[7] 《马克思恩格斯全集》第23卷，人民出版社1972年版。

[8] 《马克思恩格斯全集》第25卷，人民出版社1975年版。

[9] 《马克思恩格斯全集》第26卷上册，人民出版社1974年版。

[10] 《马克思恩格斯全集》第26卷下册，人民出版社1974年版。

[11] 《马克思恩格斯全集》第46卷上册，人民出版社1979年版。

[12] 《马克思恩格斯全集》第46卷下册，人民出版社1980年版。

[13] 《马克思恩格斯全集》第47卷，人民出版社1979年版。

[14] 《马克思恩格斯全集》第49卷，人民出版社1979年版。

[15] 《马克思恩格斯选集》第1—4卷，人民出版社1995年版。

[16] 恩格斯：《反杜林论》，人民出版社1999年版。

[17] [捷] 奥塔·锡克：《经济-利益-政治》，王福民等译，中国社会科学出版社1984年版。

[18] 白暴力：《财富劳动与价值—经济学基础理论的重构》，中国经济出版社2003年版。

[19] 白仲尧：《服务经济论》，东方出版社1991年版。

[20] 陈岱孙:《新帕尔格雷夫经济学大辞典》,经济科学出版社 2000 年版。

[21] 陈飞翔:《开放利益论》,复旦大学出版社 2004 年版。

[22] 陈佳贵、黄群慧、钟宏武:《中国地区工业化进程的综合评价和特征分析》,载《经济研究》,2006 年第 6 期。

[23] 陈凯:《中国服务业内部结构变动的影响因素分析》,载《财贸经济》,2006 年第 10 期。

[24] 陈宪:《国际服务贸易——原理·政策·产业》,立信会计出版社 2000 年版。

[25] 陈秀山、张可云:《区域经济理论》,商务印书馆 2003 年版。

[26] 陈义平:《分化与组合——中国中产阶层研究》,广东人民出版社 2005 年版。

[27] 陈银娥、胡卿卿:《经济全球化中的新自由主义》,见吴易风:《经济全球化与新自由主义思潮》,中国经济出版社 2005 年版。

[28] 程大中:《论服务业在国民经济中的"黏合剂"作用》,载《财贸经济》,2004 年第 2 期。

[29] 程大中:《中国服务业的区位分布与地区专业化》,载《财贸经济》,2005 年第 7 期。

[30] 程大中:《生产者服务论——兼论中国服务业发展与开放》,文汇出版社 2006 年版。

[31] [英] 大卫·哈维:《列菲弗尔与〈空间的生产〉》,黄晓武译,载《国外理论动态》,2006 年第 1 期。

[32] [美] 丹尼尔·W. 布罗姆利:《经济利益与经济制度——公共政策的理论基础》,陈郁、郭宇峰、汪春译,上海三联书店、上海人民出版社 1996 年版。

[33] [美] 丹尼尔·贝尔:《资本主义文化矛盾》,赵一凡、蒲隆、任晓晋译,生活·读书·新知三联书店 1989 年版。

[34] [美] 道格拉斯·C. 诺斯:《经济史上的结构和变革》,厉以平译,商务印书馆 1992 年版。

[35] 德国媒体:《全自动餐厅被讽"喂猪系统"》,载《重庆晚报》,

2007年8月29日。

[36] 邓力平、陈贺菁：《国际服务贸易理论与实践》，高等教育出版社2005年版。

[37] 邓于君：《服务业内部结构演变趋势研究》，广东人民出版社2006年版。

[38] 港澳经济年鉴编辑部：《港澳经济年鉴2006》，港澳经济年鉴社2006年版。

[39] 高春亮：《文献综述：生产者服务业概念、特征与区位》，载《上海经济研究》，2005年第11期。

[40] 国家统计局国际统计信息中心：《长江和珠三角及港澳统计年鉴》，中国统计出版社2006年版。

[41] 国家统计局统计设计管理司：《〈三次产业划分规定〉简介》，载《中国统计》，2003年第11期。

[42] 韩玉军，陈华超：《世界服务业和服务贸易发展趋势——兼评中国服务业的开放与对策》，载《国际贸易》2006年第10期。

[43] 何德旭：《中国服务业发展报告NO.5——中国服务业体制改革与创新》，社会科学文献出版社2007年版。

[44] 何炼成：《社会主义劳动新论》，科学出版社2005年版。

[45] 洪远朋、卢志强、陈波：《社会利益关系演进论——我国社会利益关系发展变化的轨迹》，复旦大学出版社2006年版。

[46] 洪远朋：《经济利益关系通论——社会主义市场经济的利益关系研究》，复旦大学出版社2004年版。

[47] 胡荣涛：《产业结构与地区利益分析》，经济管理出版社2001年版。

[48] 黄少军：《服务业与经济增长》，经济科学出版社2000年版。

[49] [美] 加布里埃尔·A. 阿尔蒙德、小G. 宾厄姆·鲍威尔：《比较政治学：体系、过程和政策》，曹沛霖、郑世平、公婷等译，上海译文出版社1987年版。

[50] 姜洪：《利益主体、宏观调控与制度创新——中国现实经济问题研究》，经济科学出版社1998年版。

[51] 金伯富：《机会利益论——兼析其在金融体系中的应用》，复旦大

学出版社 2004 年版。

[52] 靳娟娟：《信息产业结构研究》，警官教育出版社 1997 年版。

[53] 康芒斯：《制度经济学》上册，商务印书馆 1962 年版。

[54] 《魁奈经济著作选集》，吴斐丹、张草纫译，商务印书馆 1979 年版。

[55] 赖朝荣：《利益论——社会主义利益问题研究》，重庆出版社 1989 年版。

[56] 李炳炎：《需要价值论——富国裕民论》，云南人民出版社 1990 年版。

[57] 李翀：《论社会分工、企业分工和企业网络分工——对分工的再认识》，载《当代经济研究》，2005 年第 2 期。

[58] 李春玲：《当代中国社会的声望分层——职业声望与社会经济地位指数测量》，载《社会学研究》，2005 年第 2 期。

[59] 李慧中、王海文：《服务业的兴起与发展：一个经济利益视角的分析》，载《社会科学研究》，2007 年第 6 期。

[60] 李慧中、王海文：《结构演进、空间布局与服务业的发展——来自长三角的经验研究》，载《复旦学报（社会科学版）》，2007 年第 5 期。

[61] 李慧中：《非价格比较优势：服务贸易动因及发达国家的优势占有格局》，载《上海经济研究》，2001 年第 9 期。

[62] 李慧中：《市场失灵与成本规制》，载《上海综合经济》，2001 年第 6 期。

[63] 李慧中：《为什么发达国家服务价格高于发展中国家？——兼论服务业的对外直接投资》，载《国际经济评论》，2002 年第 5—6 期。

[64] 李江帆：《第三产业发展研究》，人民出版社 2005 年版。

[65] 李江帆：《第三产业经济学》，广东人民出版社 1990 年版。

[66] 李静平：《国际服务贸易统计体系的比较研究》，载《统计研究》，2002 年第 6 期。

[67] 李路路：《制度转型与分层结构的变迁——阶层相对关系模式的"双重再生产"》，载《中国社会科学》，2002 年第 6 期。

[68] 李淑梅：《人的需要结构及其历史发展》，载《教学与研究》，

1999 年第 8 期。

[69] 林白鹏：《中国消费结构学》，经济科学出版社 1987 年版。

[70] 刘凤岐：《国民经济中的利益分配》，中国社会科学出版社 2006 年版。

[71] 刘建平：《农业比较利益论》，华中科技大学出版社 2001 年版。

[72] 刘宁：《分享利益论——兼析在我国的发展与运用》，复旦大学出版社 2004 年版。

[73] 刘荣军：《财富、人、历史——马克思财富理论的哲学意蕴与现实意义》，载《学术研究》，2006 年第 9 期。

[74] 刘诗白：《现代财富论》，生活·读书·新知三联书店 2005 年版。

[75] 刘佑成：《社会分工论》，浙江人民出版社 1985 年版。

[76] 柳新元：《利益冲突与制度变迁》，武汉大学出版社 2002 年版。

[77] 陆大道：《论区域的最佳结构与最佳发展——提出"点—轴系统"和"T"型结构以来的回顾与再分析》，载《地理学报》，2001 年第 2 期。

[78] 陆学艺：《当代中国社会各阶层研究报告》，社会科学文献出版社 2002 年版。

[79] 罗勇、曹丽莉：《中国制造业集聚程度变动趋势实证研究》，载《经济研究》，2005 年第 8 期。

[80] [英] 马尔萨斯：《政治经济学原理》，厦门大学经济系翻译组译，商务印书馆 1962 年版。

[81] [意] 毛里齐奥·拉扎拉托：《非物质劳动》（上、下），高燕译，载《国外理论动态》，2005 年第 3—4 期。

[82] 蒙爱军：《论经济的利益本质》，载《经济学家》，2007 年第 2 期。

[83] 孟捷：《经济人假设与马克思主义经济学》，载《中国社会科学》，2007 年第 1 期。

[84] [法] 配第：《配第经济著作选集》，陈冬野、马清槐、周锦如译，商务印书馆 1981 年版。

[85] 钱津：《劳动论》，企业管理出版社 1994 年版。

[86] [法] 萨伊：《政治经济学概论》，陈福生、陈振骅译，商务印书馆 1963 年版。

[87] [古希腊] 色诺芬：《经济论·雅典的收入》，张伯健、陆大年译，商务印书馆1961年版。

[88] 石崧、宁越敏：《劳动力空间分工理论评述》，载《经济学动态》，2006年第2期。

[89] 史秋华、张永苗：《对"恩格尔系数"的变化要具体分析》，载《浙江统计》，2002年第6期。

[90] 苏宏章：《利益论》，辽宁大学出版社1991年版。

[91] 谭培文：《马克思主义的利益理论——当代历史唯物主义的重构》，人民出版社2002年版。

[92] 谭晓军、刘锋：《日本学者关于服务劳动性质的争论——在马克思经济学视角下的研究》，载《国外理论动态》，2006年第7期。

[93] 汪民安：《空间生产的政治经济学》，载《国外理论动态》，2006年第1期。

[94] 王建民：《马克思为什么要"舍象"非物质生产劳动》，载《当代世界与社会主义》，2002年第6期。

[95] 王璐：《消费与节约：马克思节约思想的新视角》，载《当代财经》，2006年第5期。

[96] 王宁：《消费社会学——一个分析的视角》，社会科学文献出版社2001年版。

[97] 王伟光、郭保平：《社会利益论》，人民出版社1988年版。

[98] 王伟光：《利益论》，人民出版社2001年版。

[99] 王小强、周俊杰：《两大国民经济核算体系的比较研究》，载《统计研究》，1990年第3期。

[100] 王晓德：《美国现代大众消费社会的形成及其全球影响》，载《美国研究》，2007年第2期。

[101] 王晓鲁：《第三产业与生产劳动》，四川人民出版社1986年版。

[102] 韦定广：《资本主义的最高阶段是"全球自由资本主义"——兼与高放教授商榷》，载《社会科学》，2005年第9期。

[103] 魏作磊：《服务业能承担转移我国农村剩余劳动力的重任吗》，载《财贸经济》，2006年第11期。

[104] 吴韧强：《利益集团对贸易政策影响的理论模型研究综述》，载《世界经济研究》，2007 年第 5 期。

[105] [美] 西门·库兹涅茨：《各国的经济增长》，常勋译，商务印书馆 1999 年版。

[106] 夏杰长、尚铁力：《西方现代服务经济研究综述》，载《国外社会科学》，2006 年第 3 期。

[107] 辛保平：《中国中产阶级真相——面目模糊的中产阶级》，载《科学投资》，2003 年第 6 期。

[108] 薛荣久：《国际贸易（新编本）》，对外经济贸易大学出版社 2003 年版。

[109] [英] 亚当·斯密：《国民财富的性质和原因的研究》上、下卷，商务印书馆 1972 年版。

[110] [古希腊] 亚里士多德：《政治学》，中国人民大学出版社 2003 年版。

[111] 叶蓬：《利益范畴之我见》，载《现代哲学》，1999 年第 3 期。

[112] 于金富：《马克思对资本主义生产方式的典型分析——马克思的生产方式理论研究之二》，载《当代经济研究》，1999 年第 4 期。

[113] 于俊文、张忠任：《马克思的自由时间理论》，载《当代经济研究》，2003 年第 1 期。

[114] 余明勤：《区域经济利益分析》，经济管理出版社 2004 年版。

[115] 余永跃、陈曙光：《马克思"人的本质"思想解读》，载《光明日报》，2006 年 6 月 26 日。

[116] 余政：《综合利益论》，复旦大学出版社 2004 年版。

[117] 余钟夫：《制度变迁与经济利益》，陕西人民出版社 2001 年版。

[118] 袁惠民：《当代中国经济利益结构矛盾新论》，广东高等教育出版社 1997 年版。

[119] 远山：《钱学森的百年夙愿：在沙漠上挖出千亿产值》，载《第一财经日报》，2007 年 9 月 5 日。

[120] 岳宏志、寇雅玲：《马克思没有"一般生产劳动"范畴》，载《当代经济科学》，2007 年第 1 期。

[121] 恽希良：《经济利益概论》，四川人民出版社 1991 年版。

[122] 张国钧：《邓小平的利益观》，北京出版社 1998 年版。

[123] 张宛丽、李炜、高鸽：《现阶段中国社会新中间阶层构成特征研究》，载《北京工业大学学报（社会科学版）》，2007 年第 2 期。

[124] 张文忠：《大城市服务业区位理论及其实证研究》，载《地理研究》，1999 年第 3 期。

[125] 张跣：《市民社会》，载《国外理论动态》，2006 年第 7 期。

[126] 张晓明：《论利益概念》，载《哲学动态》，1995 年第 4 期。

[127] 张循理：《利益论九讲》，中国青年出版社 1987 年版。

[128] 张应让：《利益理论研究》，河北科学技术出版社 1990 年版。

[129] 张幼文：《开放经济发展目标的动态演进——答华民教授的商榷意见》，载《国际经济评论》，2006 年第 1—2 期。

[130] 赵景峰：《经济全球化的马克思主义经济学分析》，人民出版社 2006 年版。

[131] 赵奎礼：《利益学概论》，辽宁教育出版社 1992 年版。

[132] 赵磊：《劳动价值论的历史使命》，载《学术月刊》，2005 年第 4 期。

[133] 赵文：《空间的生产》，载《国外理论动态》，2006 年第 1 期。

[134] 甄峰、顾朝林、朱传耿：《西方生产性服务业研究述评》，载《南京大学学报（哲学·人文科学·社会科学）》，2001 年第 3 期。

[135] 郑贵斌、张卫国：《工农利益关系论纲》，经济科学出版社 1993 年版。

[136]《中国服务贸易发展报告 2007》，http://tradeinservices.mofcom.gov.cn/g/2008-02-25/24688.shtml（访问时间：2008 年 3 月 11 日）。

[137]《中国服务贸易发展报告 2006》，http://tradeinservices.mofcom.gov.cn/index.shtml?method=view&id=5766（访问时间：2008 年 3 月 11 日）。

[138] 中国经济贸易年鉴编委会：《中国经济贸易年鉴 2006》，人民出版社 2006 年版。

[139] 中国企业联合会、中国企业家协会：《中国企业发展报告 2006》，企业管理出版社 2006 年版。

[140] 中国商务年鉴编辑委员会:《中国商务年鉴》,中国对外经济贸易出版社 2006 年版。

[141] 中华人民共和国国家统计局:《国际统计年鉴 2005》,中国统计出版社 2005 年版。

[142] 中华人民共和国国家统计局:《国际统计年鉴 2006/2007》,中国财政经济出版社 2007 年版。

[143] 中华人民共和国国家统计局:《中国统计年鉴 2006/2007》,中国统计出版社 2006/2007 年版。

[144] 中华人民共和国国家统计局:《中国统计摘要 2007》,中国统计出版社 2007 年版。

[145] 周晓虹:《全球中产阶级报告》,社会科学文献出版社 2005 年版。

[146] 周振华:《推进上海现代服务业发展研究》,见周振华编:《现代服务业发展研究》,上海社会科学院出版社 2005 年版。

[147] 朱奎保:《利益论》,华东师范大学出版社 1991 年版。

二、英文文献

[1] A Walder, "Markets and Inequality in Transitional Economies: Toward Testable Theories", *American Journal of Sociology*, Vol. 101, 1996.

[2] Browning, H., Singelman, J, *The Emergence of a Service Society: Demographic and Sociological Aspects of the Sectoral Transformation of the Labor Force in the USA*, Springfield, VA: National Technical Information Service, 1975.

[3] D. Stark, "Recombinant Property in East European Capitalism", *American Journal of Sociology*, Vol. 101, 1996.

[4] Daniel Bell. *The Coming of Post-industrial Society*, London: Heinemann Educational Books Ltd., 1974.

[5] Friedmann, J. R. P., *A General Theory of Polarized Development In: N. M. Hansen, Growth Centers in Regional Economic Development*, New York: The Free Press, 1972.

[6] Jonathan Gershuny, *After Industrial Society? The Emerging Self-Service Economy*, Atlantic Highlands, NJ: Humanities Press, 1978.

[7] Colin Clark, *The Conditions of Economic Progress*, London: Macmillan & Co. Ltd., 1951.

[8] M. A. Katouzian, "The Development of the Service Sector: A New Approach", *Oxford Economic Books*, Vol. 22, 1970.

[9] P. W. Daniels, *Service Industries: Growth and Location*, New York: Cambridge University Press, 1982.

[10] Richard A. Walker, "Is There a Service Economy? The Changing Capitalist Division of Labor", *Science and Society*, Vol. 49, No. 1, 1985.

[11] Riddle, D., *Service—Led Growth: The Role of the Service Sector in World Development*, New York: Praeger Publishers, 1986.

[12] Shelp, R., *The Role of Service Technology in Development*, in *Service Industries and Economic Development—Case Studies in Technology Transfer*, New York: Praeger Publishers, 1984.

[13] Thomas J. Kirn, "Growth and Change in the Service Sector of the U. S.: A Spatial Perspective", *Annals of the Association of American Geographers*, Vol. 77, No, 3, 1987.

[14] UNCTAD, Bangkok Declaration: Global Dialogue and Dynamic Engagement, http://www.twnside.org.sg/title/twr116j.htm（访问时间：2007年11月22日）。

[15] V. R. Fuchs, *The Service Economy*, New York: National Bureau of Economic Research, 1968.

[16] World Bank, World Development Indicators 2006, http://devdata.worldbank.org/wdi2006/contents/Table4_6.htm 及 Table4_7.htm（访问时间：2007年11月22日）。

[17] WTO, International Trade Statistics 2005, http://www.wto.org/english/res_e/statis_e/its2005_e/its05_toc_e.htm（访问时间：2007年11月22日）。

[18] WTO, International Trade Statistics 2007, http://www.wto.org/english/res_e/statis_e/its2007_e/its07_toc_e.htm（访问时间：2007年11月22日）。